哈佛智慧
点亮人生

哈佛
时间管理课

畅销6版

徐宪江◎著

中国法制出版社
CHINA LEGAL PUBLISHING HOUSE

前言 PREFACE

人生是由持续不间断的时间组成的，时间对每个人都是公平的，因为人们所能掌握的时间都是一样的。但人们对时间的运用不同，有的人争分夺秒，有的人虚度光阴，所收获的自然也不一样。优秀的人，总是会把时间运用得很好，从而成就精彩的人生。人们应该向优秀的人学习，更好地进行时间管理。

哈佛大学这所著名高等院校，诞生了很多诺贝尔奖、普利策奖得主，培养出了大量优秀学生。这所学府的教授与学子长期积淀、传承的各类管理理念对全世界都产生着重要的影响，时间管理便是其中一项。

如果你曾经对哈佛出身的优秀人士进行过仔细地了解，便会发现，由于深得有效时间管理的益处，他们在时间管理的重要性上保持着惊人的认同：时间管理比战略、创新等那些表面上看去更为炫目、更为新颖的管理议题更为重要。

也许你无法理解这种重要性，但是你想：两个条件相同、起点相似的年轻人，在十年后一个成功，另一个却沦为平庸者的原因是什么？仅仅是时运不佳、没有机遇吗？不，其实机遇往往是建立在你懂得把握时间的基础上的。没有有效的时间管理，就算你再有才华，也会在无谓的忙碌中将自己的人生虚耗。

那些不懂得时间管理、没有妥善地对自己的时间进行管理的人，往往会如无头苍蝇一样毫无方向地到处乱飞，没有工作重点，自然也看不到他们的工作成果。而那些可以将时间管理践行得极好的人，却总是可以从容地掌握自己的时间——他们确切地知道自己一天内要做的事情，有些人甚至会知道明天、下一周自己应该做什么。

现代社会，由于生活压力越来越大，一些人感到无法承受，这些人之所以痛苦，一部分原因还在于他们没有实行有效的时间管理。一个人，如果不懂得将自己手头的任务进行先后排序的话，往往会因为在一个时间段内做着太多的事情而手忙脚乱。因此，尽管有些人在现实生活中非常卖力，其工作效率却依然低下。

现在，你有机会针对自己糟糕的时间管理进行改善，读完这本书，你会更加明白以下一些方面：

能够分析自己的时间荒废在哪里；

通过设立有效目标的方式，来提升自己的效率；

学会定制合理的时间管理表格，减少无用的忙碌；

学会将工作委托给合适的人，让自己有更多的时间去做一些更要紧的工作；

找到并克服工作中的困难，提升自己的工作状态；

积极学习有效的时间管理方法，并使用它让自己的团队获得更好的发展；

不要因为工作放弃私人时间，休息好了才能更有精力地工作。

失败的计划，即计划的失败。当你无法做到妥善地进行时间管理时，你的人生会陷入一团乱麻。相信这本《哈佛时间管理课》会帮助你一步步地抽丝剥茧，让你找出最适合自己的时间管理方法。

想要在时间管理中成功吗？想要在未来的成功名单中看到自己的名字吗？想如同拉尔夫·爱默生、亨利·梭罗、威廉·詹姆斯、比尔·盖茨一样，不断努力，成就自己的一生吗？

那就快快打开这本书吧，学习时间管理的方法，并将这一通向成功的重要方法，运用到工作和生活之中！

谨以此书献给那些努力拼搏并希望成就人生的人，希望你们都能够在不远的将来实现自己的价值。

目录 CONTENTS

Lesson 1 是什么偷走了你的时间

自我测试：你在什么地方浪费了太多时间？ / 002

1. 超负荷工作 / 003
2. 授权效果不佳 / 007
3. 什么事都想做好，什么事都做不好 / 010
4. 明日复明日的拖延 / 013
5. 无法控制时间 / 016
6. 没有必要的出差旅行 / 020
7. 降低转换成本，减少浪费的时间 / 023
8. 建立时间活动日志 / 026

Lesson 2 确立有效的时间管理目标

自我测试：你的目标是否足够明确？ / 032

1. 了解你自己的价值 / 035
2. 如何进行目标设定 / 038
3. 运用思维导图确定目标 / 041
4. 制定目标的具体方法 / 044
5. 让目标落实为任务 / 048
6. 用合理的高难度目标来规范自我 / 051

7.“重要”与“紧急”中的优先原则 / 054
8. 适时对目标进行修正 / 058
9. 分步实现你的目标 / 060
10. 让帕累托分析法帮你进行时间管理 / 064

Lesson 3 制定自我时间管理表

自我测试：你的时间管理足够优秀吗？ / 070
1. 有助你进行时间管理的工具 / 074
2. 做好时间预算 / 077
3. 制定日常的时间管理标准 / 080
4. 建立自我时间管理清单 / 082
5. 明确每日对待时间的态度 / 086
6. 拒绝比接受后做不来要好 / 090
7. 认识自我最佳做事时间 / 093
8. 专注于有效的工作 / 095
9. 认识错误，告别完美主义 / 098

Lesson 4 授权与委派，让你更有效地利用时间

自我测试：你在团队管理中承受了太大压力吗？ / 102
1. 明确自己的主要角色 / 104
2. 懂得授权的艺术 / 108
3. 根据员工表现进行授权 / 111
4. 防止“反授权”局面出现 / 114
5. 做好时间管理，有效委派工作 / 117

6. 做好委派工作的评估 / 120
7. 委派之前做好准备工作 / 123
8. 有效委派的原则和方法 / 127
9. 按照步骤进行委派 / 130
10. 控制与监督委派过程 / 133

Lesson 5 克服办公时间管理障碍

自我测试：你很善于控制自己的时间吗？ / 138
1. 如何应对不利的文化背景与工作环境 / 140
2. 整理杂乱无章的工作空间 / 143
3. 与管理者步调保持一致 / 147
4. 简化工作中的问题 / 150
5. 组织目标的缺失 / 153
6. 缺少清晰的方向 / 156
7. 改掉办事拖拉的习惯 / 159
8. 学会借用别人的力量 / 162
9. 摸清时间管理方法 / 166

Lesson 6 有效提升时间管理效率的办法

自我测试：你的生活状态怎么样？ / 172
1. 利用电子邮件来节省时间 / 176
2. 利用互联网快速获得、总结信息 / 179
3. 利用巧妙的沟通节省时间 / 181
4. 进行工作分解时的原则与基本结构 / 185
5. 合理利用琐碎的时间 / 188
6. 提高会议的效率 / 191

Lesson 7

平衡工作与生活时间

自我测试：你的工作妨碍你的家庭生活吗？ / 196

1．整理私人生活 / 197

2．正确对待工作与休闲 / 200

3．保持良好的精力 / 204

4．正确对待睡觉与熬夜 / 207

5．控制好自己的情绪 / 210

6．多抽些时间陪伴家人 / 213

7．会休息的人才能更好地工作 / 217

8．缓解和消除压力 / 220

Lesson 1

是什么偷走了你的时间

你是否总是感觉时间不够用，总是有种火烧眉毛的感觉？如果经常出现类似的感觉，你便要审视一下自己的时间到底用在哪里了：你在消极情绪上耗费了太多的时间？发邮件、写文书让你的时间大大缩水？总是力求完美让你无法从容应对时间？……这些情况都映射出你在时间管理方面的欠缺。先来了解一下自己将时间浪费在哪些地方了吧，那些被你浪费掉的时间很多时候正是你无法变得更优秀的重要原因。

自我测试：你在什么地方浪费了太多时间？

检查一下你的工作方式和可能受打扰的因素，看看自己在什么地方浪费了太多时间。请根据你的实际情况，按照以下标准进行打分，并记住相应的得分。

几乎总是：0分

大多数是：1分

有时是这样：2分

几乎没有：3分

(1) 电话时常打扰我，通话时间比较长。

(2) 突发的事情会扰乱我的思绪，使我不能专心于眼前的工作。

(3) 讨论时间通常比较长，而我从中受益却很少。

(4) 我难以遵守自己的时间表，因为我常常给自己安排太多的事情，或者经常出现突发事件。

(5) 没有明确的先后顺序，我总是想着一口气就把工作完成。我常常被琐事所困，不能集中精力做最重要的工作。

(6) 时间紧、任务重的时候，我常常因为感觉难以完成而拖延时间，或者从来没有完成过，因为我总是静不下心来。

(7) 需要处理的文件很多，我却进展缓慢。

(8) 缺乏交流，使我得到的信息延迟，并因此与同事产生误会。

(9) 当别人向我寻求帮助时，我很难拒绝他们，即使我还有自己的工作要完成。

(10) 我常常做一些其他人也可以做的事情，而没有授权给别人做。

(11) 我因为没有明确的目的，而感觉工作和生活毫无意义。

(12) 我因为自我控制力不强，而难以完成制定的目标。

根据自己的回答，计算一下所得的分数，看看自己的分值是多少。

0—17 分：你没有任何时间观念，既不能驾驭自己，也不能有效地领导别人。时间管理可以使你开始崭新、成功的生活。

18—24 分：你努力控制自己的时间，但是方法不对，而且不能长久地坚持下去，所以总是不能成功。

25—30 分：你的时间管理进行得还不错，但是你可以做得更好。

31—36 分：祝贺你，你有很好的时间管理能力，是别人学习的典范。你可以把自己的经验与别人分享，同时你也要坚持把时间管理继续下去。

1. 超负荷工作

时间最不偏私，给任何人都是 24 小时；时间也最偏私，给任何人都不是 24 小时。

——赫胥黎

罗伯特是一家 IT 公司的优秀员工，他一直勤奋努力地工作，并且总是希望自己能将工作做得更好。他一直竭尽全力地去做好一切工作，来帮助团队达到公司的工作目标。

有一天，他的领导罗斯对大家说："公司有一个新项目，我们需要有下一步的工作计划，有谁愿意主动来为大家制订一份详细的计划呢？"罗斯看着大家，希望能有人接受这个任务，但大家都显得有些沉默，没有人做出回应。看到这种情况，罗斯又说了一次，"有谁愿意承担这个任务，为大家制订一个计划？"

罗伯特见没有同事愿意主动承担这个工作，便像往常一样站出来，接下了这项工作。罗斯对罗伯特的行为表示赞许，当即赞赏他是一个勤劳、认真的好员工。他的举动是同事们意料之中的，他的同事都很清楚他在这种情况下会有什么样的行为，只要他们坚持不站出来，罗伯特最后一定会承担起新任务的。罗伯特是一个勤奋、踏实的完美主义者，他所做的工作通常都完成得非常出色。但是他存在一个问题，那就是他很多时候不能按时完成工作任务，因为他总是接受一些超负荷的工作。

其实罗伯特这样的人是很值得赞赏的员工，但他们也存在一个很大的问题，那就是不懂得对别人、对工作说“不”。他们总是大包大揽，经常承担起自己能力之外的工作。因此，他们的工作日程计划总是不断地增加新的工作任务，而他们也经常在深夜或者周末加班加点才能完成任务。更让人觉得遗憾的是，他们的工作效率并不高，在工作进度上，他们总是落在其他人的后面。

你现在的工作状态是不是也像罗伯特一样？如果你也像罗伯特那样大包大揽，什么工作都接受，那么，你就应该认真思考一下超负荷工作给你的生活带来了哪些方面的负面影响。你的职业生涯将被超负荷工作搞得没有一点生气，然而这些工作最终又有多少与你的关键目标相关？更何况，你还可能因为超负荷工作把自己搞得筋疲力尽。此外，如果你把本来应该花费在学习新知识、陪伴家人和交际等方面的时间也全部拿来工作的话，那么，你的个人生活也将痛苦不堪。如果你存在上面这些情况，建议你按照下面的方法去尝试一下，也许就可以避免让自己超负荷运转：

（1）明确自己的关键职责和目标。如果这样做了，你便可以很容易地把本职工作和额外的工作区分开来。如果公司里有本职工作以外的任务，不要主动揽下它。相反，你应该好好想想，谁最有责任去完成它，这是谁的本职工作或者分内的工作。如果最后你不得不参与这项工作的话，也不要把这项工作当成是你自己的职责，而是尽量去当主要负责人的好助手。

（2）如果你的同事没有完成他的工作或是没能达到你的标准，请不要想着帮他去完成工作。因为这是费力不讨好的事情。你的同事可能会把他的工作做得非常糟糕，但是如果你插手帮他们做的话，那么他们可能永远也不会取得进步。相反，你应该针对他们的工作进度和工作状态，提出一些有意义的建议，帮助他们把工作做好。

（3）在某些时候要学会说“不”。如果你天生乐于助人，或者你习惯性地把自己看作团队中的一分子的话，说“不”是一件很困难的事情。但如果不懂得拒绝的话，你将像事例中的罗伯特一样，无休止地工作。

其实拒绝管理者对于工作的额外要求远远比你清楚地说出为什么要做这项工作容易得多。认真地思考一下说“是”将会给你带来什么样的后果——打乱你的工作计划，让你无法按时完成最重要的工作，这样说“不”的理由就会变得十分清晰了。在管理者面前说“是”非常容易，说“不”对你来说却是一个很大的挑战。对管理者或者部门主管说“是”可以让你在很短时间内取悦他。在上面罗伯特的例子中，罗斯就会想：“如果没人愿意做的话，罗伯特还是可以做的。”但如果总是因为接受新的工作任务而导致你的本职工作不能按时完成的话，你很可能就会成为一个失败者。更重要的是，说“是”并不能让你得到升职的机会。罗斯会想：“我需要罗伯特在现在的这个职位上，我的工作不能没有他。”

在你的工作过程中，当管理者要把难以完成的额外工作委派给你的时候，你可以按照下面提供的办法解决：

（1）在你想好之前，什么都别说，先想办法得到缓冲的机会：“我梳理一下手头工作，下午向您汇报吧。”

（2）充分利用喘息时间，准备好你的回答。

（3）当你去见管理者时，把你现在手中的工作列个单子出来，让他来确定你的本职工作和那个即将委派给你的新任务，哪个更应该优先完成。这样更有利于你的时间安排和工作的有序开展。

哈佛时间管理小秘诀

当你觉得自己的工作超负荷时，你需要好好地调整一下自己的工作状态。这里有一些小窍门，对你应该有所帮助：

（1）给自己设定一个脱离工作的时间。不管你几点开始工作，你都要设定一个脱离工作的具体时间。一旦设定停止时间，就要按照这个时间来工作。到停止时间以后，就要放下手里一切与工作相关的事情。

（2）培养自己的业余爱好。除了工作以外，你还喜欢做什么？看书，运动，还是听音乐？总之，你要找到一个自己喜欢的、可以放松自己的业余爱好。下班后你应只想下班后的事，而不要再想工作了。

（3）学会适时地休息。一般来说，你的工作时间是8—10个小时，这么长的一段时间，你不可能做到毫无间歇地工作。如果可以，你就到办公室外走走，跟别人聊聊天，活动一下筋骨，远眺一下，等等。这样做，更有利于你的工作。

（4）积极寻找既能提高效率、又能增加收入的工作方法。当你的工作能力不断提高的时候，你的个人价值也会随之升高。这样，你获得收益更高的工作的机会就会增加。这可能意味着你成了管理者或是自主创业成功。通过提高工作效率、增加收入，你就可以拥有更多的私人时间。

2. 授权效果不佳

管得少，就是管得好。

——杰克·韦尔奇

一天上午，公司的董事长突然召见运营部的负责人弗朗西斯。而弗朗西斯正在给部门人员开会。

董事长从书桌上拿了一本《如何授权》的书，递给弗朗西斯，然后对他说：“这是一本好书，我推荐你下来看一看，看完以后再来找我聊聊。”

弗朗西斯感到有一点郁闷，自己每天工作忙得焦头烂额，董事长仿佛还觉得自己工作做得不好。

回到部门以后，弗朗西斯继续给大家开会，但他有些心不在焉。于是他直接问大家：“我平时的工作有哪些方面大家觉得做得不够好？”但大家始终也都没有说什么。过后，弗朗西斯找了人力资源总监史蒂芬·蒙特拉，和他谈了谈自己的工作。而史蒂芬·蒙特拉直言不讳地对弗朗西斯说：“你在工作上很尽力，总体做得也不错。但据我了解，你还应多了解一下部门成员的想法，激活一下他们的能力与工作积极性。”

听了史蒂芬·蒙特拉的话，弗朗西斯于是认真地读了董事长推荐的书。阅读之后，弗朗西斯认识到了让自己每天处于忙忙碌碌状态的原因，并逐渐改变了工作方式，开始更加注重引导下属把工作做得更好。通过把一些基础性工作更好地授权给下属，弗朗西斯有了更多的时间，而这些时间让他能够对部门的运营和发展进行整体考虑，再也不用每天都忙得晕头转向了。

在经济发展迅速的今天，适当授权对任何一个公司的管理者来说都很重要。哈佛大学商学院罗伯特·卡普兰教授长期关注领导力培养，他指出管理者应当学会培养接班人，注重工作授权，把对的人放到对的位置上。确实，高效管理是离不开适当授权的。不过，尽管大家都知道授权对公司、对自己、对下属都有利，但为什么至今还有很多公司的管理者仍然很难进行真正意义上的授权呢？

（1）管理者的习惯

许多公司的管理者习惯自己进行决策，他们担心将决策权下放，会失去对下属的控制。并且，当下属拥有决策权的时候，这些管理者会感受到来自下属的威胁，并担心自己失去工作。

（2）觉得让下属做会浪费时间

不少的管理者宁可自己辛苦地去工作，也不愿意把工作分派给下属。某公司的高级主管每天都忙忙碌碌的，总有工作需要他去做。朋友建议他把工作内容分派给下属。他却说："教会下属如何去做，需要花费几个小时的时间；如果自己做的话，不到半个小时就能做好了。有时间教会他们，还不如自己做。况且他们做的可能达不到我的要求。"

（3）担心下属滥用权力

很多企业的管理者认为，由于信息的不对称，被授权后的员工往往很难达到主管要求的工作目标，因为他们往往不能理解主管要求他们达到什么样的工作目标。而同时，他们作出的决策对公司的成本和利润都会产生较大的影响。

（4）认为下属的能力没有达到自己的要求

有些管理者认为下属的能力不足以制定决策。如果让以往只听从命令的下属担任决策任务，他们可能会不知所措。

（5）员工怕承担责任

大多数公司的员工都习惯单纯地接受公司下派的工作，因为决策是上层管理者需要思考的事情，管理者需要对决策负责。如果公司管理者将决策的任务下派给员工的时候，员工们往往会畏惧，因为作出决策是需要负责的，错误的决策可能使得他们受到批评甚至失去工作。因此，一些员工不愿意进行决策。

（6）公司的环境阻碍了主管的授权

授权并不适合每个公司和每个行业，许多公司因环境因素会影响到管理者授权的顺利实施，如企业不支持团队工作、公司里存在旧的雇用关系、缺少激励机制等，都会影响到管理者的授权。当一个公司的员工、制度、文化都能够适应时，授权才能真正发挥作用。

哈佛时间管理小秘诀

授权可以节省你的时间，而且能提升下属的能力。了解了公司的管理者为何很难进行真正意义上的授权后，你需要分析一下自己是否需要授予下属更多的权力？

（1）你是否因为下属向你询问工作问题或决策而经常被打扰？

（2）对于下属应该做的事情，你是否发觉你正在帮他做？

（3）你工作的时间是否比你管理的时间要长？

（4）每天晚上或者周末，你是否习惯性地把工作带回家里做？

（5）你是否把工作目标定得非常高，以至于只有你才能把它完成？

（6）你是否是一个非常关注工作细节的主管，是否总是关注下属如何工作？

（7）你是否常有没完成的工作或在最后期限内不能完成的工作？

（8）你是否花费了更多的时间在工作细节上，而没有花费在战略思考、计划或者其他关键的宏观问题上？

（9）在过去的一年里，是否有人认为你是一个有责任心的人或者完美主义者？

（10）对下属的能力和经验，你是否缺乏信心，以至于你不敢冒险给下属更多的决策权？

当你的回答是肯定的，而且次数比较多的话，你就应该考虑有效地向你的下属授权了。

3. 什么事都想做好，什么事都做不好

当人们期待更好的时候，良好也就不被当成良好了。

——托马斯·富勒

有位曾在哈佛大学学习过的企业家说，在哈佛大学学习最大的收获就是懂得了人生当中你不必事事追求完美，也不可能达到事事完美，人的精力毕竟有限，要处理和面对的事情太多了，顾此就要失彼，所以要学会懂得尽己所能，也要学会欣然并洒脱地放手。

事情缘于一次测试，老师发下了厚厚的几摞讲义，可是由于那段时间要会见客户，还要签订合约，讲义根本没看完，更别提深入体会学习了。面对测试，他懊丧极了，心情一团糟糕，觉得自己真没用。可是，教授的一番话让他茅塞顿开。教授说，这些测试及讲义本就特别多，即使你竭尽全力也不可能全部看完，通过这次测试我想告诉大

家你不必事事追求完美，要学会欣然接受并非十全十美的结果对人生而言更为重要。

生活中，许多人什么事情都想做好，但结果却是什么事情都做不好，这是因为他们过分追求完美。那些过分追求完美的人，往往会花费大量的时间和精力去构造完美，却没有时间做好自己应该做的事情。

不刻意追求完美，并不是说完美是虚无、无意义的幻想。在特定的场合、特定的时间，完美还是值得追求的。比如，一个司机要做到不酒后驾车、不出一次交通事故；一个保洁员要确保每一处都非常干净；一个编辑要力求一本书没有错别字。这些有关完美的标准还是值得我们去学习、追求的。然而，并不是所有的完美都值得我们追求。学习时间管理的方法，就是为了让我们更清楚，何时需要追求完美，何时不必这么做。

许多时候，你要做的工作就像是在进行一场跨栏比赛，跨栏的时候，如果触碰栏杆是要扣分的，那么，你只能不断地跳过去。如果你的任务非常艰巨，在短时间内需要跨越很多的栏杆，那么，你就不能在最开始的时候花费太多精力，因为这会影响之后的发挥，也会耽误很多时间。好的跨栏选手会以更均衡的时间跨越跳栏。

如果你在面对棘手任务的时候，采用了并不合适的方法来处理问题，那么这个任务就会以失败告终，而失败将会使你的自尊心受到极大的伤害。

这个建议并非没有考虑工作的品质。众所周知，客户们最在意的就是品质。如果你为客户设计了全世界最出色的拍照手机，但他其实想要的只是一个耐用的、能上网的手机，那你就与客户的需求大相径庭，而且浪费了过多的时间和资源。客户在意的并不是某一个方面做得多好，而是想要整体上不错。

你的管理者或者客户，他们对你抛出问题后，并不希望看到你进行过多的分析，而是需要你简单明了地给出合适的解决方法。理解他们真正想要的东西，这才是最重要的。

所以，在工作过程中，你应该明白一些道理：即使是有意义的事情，也不需要刚起步就追求完美；在重要的事情上保持高追求，但不必事事都高追求；不需要完美地规划事情，做到合理有效才更为重要。

哈佛时间管理小秘诀

如果你是一个过分追求完美的人，相信你已经体会到过分追求完美给你带来的麻烦。因此,你应该适时地调整一下自己的状态。那么，要如何去做呢?

（1）尝试接受不完美

学会接受世界上没有十全十美这一事实，逐渐转换思路，对事物怀有一颗平常心，知足常乐。

（2）学会释放自己的情绪

通过运动、读书、听音乐、玩游戏等方式，缓解自己压抑的情绪。在工作、生活中要怀有体验、享受过程的心情，并学习在做事情中寻找快乐。

（3）不要过分在意别人的看法

在工作和生活中，不要总是想着“别人会怎么看待我”“他们对我是否满意”等类似的问题。过于在意别人，就会缺少对自身的关注，也容易产生负面情绪。学会接受自己，无论做得如何。

4. 明日复明日的拖延

千万不要把今天能做的事情留到明天去做。

——本杰明 · 富兰克林

罗伯特在得克萨斯州的一家体育器械公司当部门主管。在许多方面，他都非常有潜力，是一个潜在的优秀管理者，尤其是在与他的员工的关系方面。但是,他的下属却发现他有一个让人难以忍受的缺点——拖延。

他总是习惯性地拖延，把今天的事情拖到明天，把明天的事情拖到后天，甚至是很小的事情，他也倾向于拖到明天再作出决定。

很多时候，他的下属从他的办公室里走出来就互相抱怨："他拥有我们花费时间才能获得的信息，现在他应该作出决定了，不然事情就难以解决了。但是现在他让我们做更多的工作。"

罗伯特先生不是不能作决定，他只是陷入了把事情拖到明天做的习惯。当他面对一些令他不愉快的事情时，这种习惯就更加显而易见。

最后，这种拖延的习惯让他尝尽了苦头：他耽误了看一封即将到来的会议的预告信，并且毫无准备地参加了这个会议，结果新的 CEO 在会议结束后解雇了他。

什么是拖延呢？拖延和知道有更多信息时再作出决定有什么不同呢？"拖延"是有意地、习惯性地、应受斥责地推迟应该做的事情，它通常是那种只处于思考状态而没有采取实际行动的人的恶习。

如果怀疑自己有拖延的倾向，那就要问自己："我为什么把这个推迟呢？"如果你不能很好地找到原因——不能混淆原因与借口——你就应该马上行动，认真反思和分析自己，找到拖延的真正原因。

一般来说，一个人有拖延的倾向或者习惯，主要有以下三个方面的原因：

（1）工作乏味，缺少乐趣

很多我们非做不可的事情都是无趣甚至让人觉得讨厌的。这一周，你有没有搁浅一些枯燥无味而又非常重要的工作呢？你有没有在一些不重要的事情上花费很多时间来回避那些重要的工作呢？想想你一天的计划是什么，哪些重要的事情没有去做？为什么没有完成呢？是不是你觉得那些工作乏味甚至让你觉得厌烦？

下面有一些解决拖延问题的好方法：

◆如果你讨厌的这些工作可以委派给其他人做，那么就这么做吧。这些工作对你来说很无趣，可能对其他人来讲并不那么令人讨厌。

◆如果不能委派给其他人做，那还是留给你自己做吧。这时候，你需要跳出现在的位置，客观地审视一下现在的情况。这样做是有些困难，但它是非常重要的第一步，告诉自己："是的，这些事情很让人犯怵，但是我必须战胜困难，把这项工作很好地完成。"

◆拖延常常会带来愧疚感和对自己的不满。所以当你发现自己正在逃避某项工作时，不妨想一想完成这项工作后的成就感和满足感。这种好的感觉足够激励你积极地投入工作中。

◆把那些讨厌的工作按照原定的计划进行下去，并且说给同事听，让自己没有放弃的机会。

完成这项让你讨厌的工作后，你会感到很轻松，同时你应该问自己："为什么之前我没有进行这项工作呢？"进行这样的反问会让你在下一次想要拖延时有可供借鉴的积极经验。

（2）害怕做不好，担心失败

对失败的恐惧是造成拖延的另外一个原因。我们都努力地想要避免失败，所以当面对一项工作的时候，如果感觉不能顺利地完成，你总是会自然而然地回避它。而如果你一直回避它，失败将是注定的。

当出现这种情况的时候，你能做的就是直接面对困难。如果你担心完不成工作是因为缺乏相应的培训或者资源，那就尽量去寻求帮助。如果你的恐惧是缺乏自信，那就通过周密的计划来消除这种恐惧。通过周密的计划将完成工作所需要的一切都分析清楚，然后大胆去做。你就会意识到：面对事物的恐惧是完全可以通过具体行动而消除的。

（3）没有头绪，不知该从何处着手

对于某些项目，特别是一些比较大的项目、任务或者没有明确步骤的工作，人们通常会不知道该从何处开始。工作的模糊性会让你有更多拖延的理由。想象一下，当管理者对你说“请写一份关于我们公司的时间管理建议”时，你会有什么样的反应。你知道该从哪里着手吗？如果找不到一个明确的切入点，你就一定会拖延时间，并且把这些时间花费在其他的事情上。

要改变这种状况，通常有两种做法：

◆跳出现在的位置。当你置身事外的时候，才能找到更有成效的方法来完成这项工作，同时这也大大降低了拖延的可能性。

◆把这项工作分成几个部分，然后明确每个部分对整个工作的重要性，把它们按照逻辑顺序进行排列。先从在第一位的那部分开始，然后逐步完成。

下次遇到繁重的工作，有了拖延倾向的时候，不妨试试这两个办法。当你解决了拖延的问题并着手去做那些非做不可的工作的时候，你就会觉得你的工作比原先容易了许多，工作效率也相应地提高了。

哈佛时间管理小秘诀

一个人只有在拥有明确目标的基础上，才能有效地管理好自己的时间，并取得工作和生活上的成功。所以，为了清晰明确自己的目标，就必须注意以下三个方面：

（1）将目标由模糊变为清晰

当被问到“是什么因素使人无法成功”的时候，大部分人首先会想到“目标不够明确”。这是正确的想法，想要成为自己时间的管理者，就要明确自己的目标，不要只是停留在模糊的“我想……”的状态。

（2）选择自己擅长的作为目标

明确的目标首先是要可行、可以通过自己不断坚持、努力能够实现的目标。每个人擅长的不擅长的、想要的不想要的都不一样，在实际行动中面临的困难也是千差万别。因此，在选择自己目标的时候，一定要根据自己的特长和现实情况，避免理想和现实差距过大。

（3）在大目标中设立小目标

一个人的目标可能是很远大的，这就意味着他在努力过程中可能会遇到很多困难。那么，将远大的目标划分成阶段性的小目标，就可以在努力过程中体会更多成功的快乐。成功的激励是非常重要的，它可以使你保持继续坚持的热情和自信，不会因为目标太远而疲惫放弃。

5. 无法控制时间

消磨时间不可能不伤及永恒。

——亨利 · 梭罗

32岁的时候，杰出的生物学家萨莉·霍德森就被任命为大学微生物学系主任，此前她没接受过任何领导方面的培训，这使得她面临很大的挑战：她发现自己将要领导一个由20个学术人员、10个技术助手、3个行政官员、多名秘书和打字员组成的部门。同时，她还需要继续自己的教学工作和其他重要的研究项目。各种类型的会议——研究小组的、部门的、学院的、学校的——看上去好像充斥着整个学期。然而，另一类会议——大型会议占用了她的一些假期。在个人方面，她也有许多事情需要处理：父母的联络、学校理事、教区议会等。有时候她觉得，自己之所以被提拔为微生物学系主任是因为没有其他人想要这个职务。

萨莉·霍德森如此繁忙，以至于她发现自己已经没有时间准备必要的会议了，或者是材料很难跟上议程的步伐，使会议的议程经常要调整或是会议经常被拖延。她私下还对她的丈夫说："我觉得我参加的大多数会议都是在浪费时间，这些会议有一半时间要花在讨论会议的主题上。通常这是个大多数人对很小的错误说得太多的问题。"

她丈夫一边看报纸一边说："亲爱的，你既然已经意识到这个问题，那为什么不采取措施呢？"对于妻子关于会议令人厌倦的抱怨，他已经习惯了。

萨莉·霍德森说："我能做什么呢？其他人有的迟到，有的早退。对于会议的议程，他们各抒己见，很少坚持一个主题。像部门的信纸这样小的项目他们能花上一个小时的时间。而对明年的研究经费谈了不到五分钟就不再考虑了，这是没有任何希望的。会议拖延两个小时或更长的时间，从来没有看上去达成了什么共识，更不用说做了什么有用的事情了。"

表面上是她自己陷入了时间的陷阱，无法控制自己的时间，同时她也在浪费别人的时间。其实是她没有用时间认真安排会议使会议经常被拖延或是使会议的议程一变再变。这些失控使得大家的讨论陷入了无休止的闲聊之中，以至于最后，会议的进程通常处于混乱之中。你觉得萨莉·霍德森能对她的会议做出哪些方面的改进呢？

开会被职场人士看作是职场中最常见的事情，但这些会议真的有价值吗？有两家知名管理顾问机构——管理工程师联合顾问所与史玫特顾问公司曾做过“白领会议状况”调查，近八成的职场人士认为自己所参加的会议有2/3是在浪费时间，超过五成职场人士在开会的时候没有集中注意力，六成的职场人士因为对会议的主题不感兴趣拒绝当众发言，近六成职场人士没有为会议做任何准备。

其实，会议是我们工作过程中必不可少的环节，在会议上可以交流工作进度、鼓励员工更加努力地工作、碰撞出创意的火花。

绝大多数的职场人士尤其是经理人会在会议上花掉三到五成的时间。如果这些会议可以帮助你高效率地实现目标，那么这些时间还不算太多。如果没有帮助你实现工作目标，那就是大大的浪费时间了。

有些职场人士认为，工作上的变化使得大家参加的会议越来越重要。这些变化包括向员工授权、更大程度地依赖跨部门的工作团队开展工作、更多地需要意见统一的决策和公司之间联盟数量的增长等。不管我们经历的会议基于什么样的原因，会议永远都是公司生活中不可或缺的一部分。

我们常常会听到对于会议的抱怨，不过，那些发牢骚者并不是针对会议意图，而是针对那些被浪费掉的时间。这些浪费时间的会议一般至少包括下列特征之一：

（1）会议的召开缺乏必要性；

（2）没有根据会议的议程进行；

（3）会议变成了大家的闲聊；

（4）会议超出既定的时间；

（5）由一两个领导人发起并包揽全部对话；

（6）没能作出决策或委派人员开始行动；

（7）不能让人们对各自的任务负责。

踏入社会后，你参加过的会议有没有以上的这些特征呢？如果有的话，那就难怪你觉得它们在浪费大家的时间了。与之相反，那些成功的、有意义的会议，则能够让参加会议的人感觉他们正在分享有价值的信息、参与一个主要的决策或是完成一项很重要的任务。如果重要的事情被解决了，人们是不会抱怨这种会议的，他们甚至会因过分投入而忘记了时间的存在。

哈佛时间管理小秘诀

不管是何种类型的会议——从正式的委员会到在你的房间里两三个人的非正式会议——都会牵涉到其他人。也正是因为这种群体参与性，使会议中普遍有一种潜在的时间威胁。如果你不懂得慎重对待，尤其是你主持会议的时候，它们便会浪费掉时间，使会议的时间超出计划。

在开会之前，你应该考虑以下七个关键问题：

（1）如果我们不开这个会，将会发生什么？

（2）我们究竟为什么要开这个会？

（3）这个会的最终结果是什么？

（4）会议需要我们多少时间？

（5）谁来主持会议？

（6）怎样才能安排得最好？

（7）会议应该什么时候开——现在是不是合适的时间？

除非你能满意地回答这些问题，否则就不要举行会议。会议是为了节省时间。不管是作为主持人还是成员，你都应起到自己的作用，确保会议按时举行和结束，并以最有效的方式完成任务。

6. 没有必要的出差旅行

在今天和明天之间，有一段很长的时间；趁你还有精神的时候，学习迅速办事。

——歌德

鲍尔斯在一家出版集团担任图书的策划编辑，主要负责经济与金融方面图书的策划。他每年都致力于寻找并签下一批经济管理、金融投资等方面的畅销图书作品。

他寻找捕捉选题方向和寻找作者的方式多种多样，如阅读《华尔街日报》等报纸，或是阅读其他一些商业新闻报道、学术期刊等。他通过各种方式扩大自己的活动圈，与商学院学者、知名企业家、管理者、组稿公司等都建立了联系。

对于鲍尔斯来说，参加一些专业论坛或是会议不是在浪费时间，而是在不断地创造找到潜在作者的机会。有些时候，甚至参加一次会议，他便能找到一些图书的潜在作者，或是构想出三到四个选题。而一两年后，这些作者或选题便会转化成经济与金融领域有影响力的图书。

对于鲍尔斯来说，出差旅行是必不可少的事情，而绝非一种困扰。由于考虑到时间和金钱上的成本，他只在其他办法都不起作用的时候才选择出差。他还会提前为每次出差认真地安排好与相关人士的会见，从早餐一直排到晚餐。他把出差的每一分钟都充分地利用了起来。

商务出行，是指商务工作人士以进行商业贸易为目的，离开自己常驻工作地前往他处的一系列活动。出行是一个商务人士进行商务活动的必要组成部分。人们需要与产品供应商、代理商和顾客进行面对面的交谈，以建立良好的人际关系，有时候也需要参加一些会议，或者与其他地区的公司进行项目合作，结成良好的合作伙伴。

如果由于工作的需要，你也要去南方或者北方的某个城市出差旅行，那么你的出差旅行是否像鲍尔斯那么有成效呢？你有没有为了参加一个不算重要的仅仅有两三个小时的会议而在途中耗费自己几个小时甚至十几个小时的时间呢？参加会议的时候，你有没有明确的工作目标呢？这些会议是否真的对你工作目标的实现有推动作用呢？你是否仅仅只是出于自己的义务而参加这些会议呢？在出差的过程中，你是否会借机去观览当地的名胜古迹呢？出差旅行需要耗费你大量的时间，每个职场人士都应该对旅行的价值进行评估，这个价值可以通过对比收益和成本得出来。

当为了参加一个会议或者去外地的公司分部办理事情或者其他原因出差的时候，你应该仔细分析和找到花费在没有任何价值的那部分活动上的时间，如去机场或者火车站的途中、在候车室等待飞机或者火车、在目的地的机场或者火车站搭乘出租车、返回公司等。然后，仔细地估算一下这段时间内，公司所支付的薪水和补贴。把这个数字和你这次出差产生的交通、住宿及餐饮等费用累加起来，同时与这次出差带来的实际效益进行比较，结果是收益大还是损失大呢？

然后考虑一下出差的机会成本：你待在办公室里工作所产生的实际价值是什么？如果没有出差，你可能已经做了一些非常具有价值的工作：

1. 帮助下属成长提高；

2. 与客户签订新的合同；

3. 制订出更加合理高效的工作计划；

4. 与潜在客户进行进一步交流。

若你发现出差所带来的实际收益远远不如在办公室中的收益，那么这次出差便是失败的。有些职场人士认为出差是工作过程中必不可少的内容，是一个人工作的一部分。这一点是毋庸置疑的。但并不是说所有的出差都是必要的，有些出差是可有可无的。很多旅行带来的经济效益可以通过一些成本更低的方式获得，如举行电话会议、网络会议和视频会议等。如果你还没有尝试过这些做法，不妨研究一下这些潜在的可以替代出差的途径。

哈佛时间管理小秘诀

如果出差对你来说必不可少，那么，做一份出差旅行的必备清单是必须的。有了它，你就不会因为丢三落四而造成种种不便。下面是我们为大家提供的出差旅行的必备清单，希望能给大家带来一些借鉴：

（1）出差期间会用到的工作资料一定要带齐。

（2）外出必须的个人证件及生活用品。比如身份证、银行卡、现金、机票或火车票、单位证明、常用药品等。

（3）其他注意事项。比如检查好行李箱中有没有无用的物品，确认家中水电门窗是否关好等。

以上的注意事项，要根据具体的出差计划，灵活地调整，以确保旅途的顺利。

此外，出差期间，会有大量时间浪费在路途上，因此需要做好规划，利用好时间。比如在路上安排好下属的工作，或者提前整理出接下来会议要做的发言等。

7. 降低转换成本，减少浪费的时间

抛弃时间的人，时间也会抛弃他。

——莎士比亚

有一天，迈克·戴维斯准备花两个小时写一份由两部分组成的长篇报告。他写好了第一部分的草稿，准备开始写第二部分的草稿。这个时候，他决定给自己一个小小的奖励，他站起来，去咖啡室为自己倒了一杯咖啡，并且与自己的一个同事简短地聊了会儿天。

几分钟后，他回到自己的座位，发现有两封新的电子邮件。“这我需要看看。”他对自己说。

回复完两封邮件，他重新开始写自己的报告，然而他发现已经没有办法从原来的那个地方开始写报告了，他忘记了当时的思路。于是，他不得不多花费 5 分钟的时间把自己写的东西重新看了一遍。

迈克·戴维斯的问题在办公室里是普遍存在的。很多时候，每一个办公室里都充斥着让人分心的事物。读读今天的《纽约时报》、查看一下朋友和同事的电子邮件或者在咖啡室与几个同事边喝咖啡边聊天，当然，还有网络，可以时不时地去看看最新的头条新闻、天气预报、体育比赛或者电影评论，这些都会让你分心。

让你分心的事物不单单是简单地把你从工作中拉走，事实上还可能出现让你的工作进度产生倒退的现象。这是因为它们分散了你的注意力，当你每一次重新开始工作的时候，都会因此而产生转换成本。为了继续休息之前的工作，你必须努力去回顾已经完成的部分，这样就产生了转

换成本。一个人的工作越复杂，需要花在这上面的时间往往就越多，转换成本也就越高。根据纽约一家调查机构的一项调查估计，转换成本可以降低一个公司20%—40%的效率。这对生产力而言是一种无形的巨大的浪费。

其实，在工作的过程中，稍微分心对工作的实际影响并不大。心理学家认为，在工作中分心或稍微休息一下，思绪会暂时由潜意识占领，但当重新开始工作的时候，原来的意识又可以重新接管，继续工作。

曾有研究人员对130名志愿者进行测试，让他们在事情做到一半的时候，休息5分钟，测验的结果显示，稍稍休息的人反而比一直专心的人，更能够专注地解决问题，速度也有所提升。

因此，工作受不受分心的影响也要看分心的程度和时间。如果分心是为了暂时转移一下注意力，让自己的大脑暂时休息一下，那么一般分心1—10分钟对工作是没有多少影响的。只有分心的时间久了，原来的工作思路变模糊了，才会影响一个人的工作。在日常生活中，不少人往往很容易分心太久，使其需要重新花费大量精力去找回自己的思路和构思，让工作进度产生倒退。

当你的工作受到分心影响时，你就需要好好分析一下是什么导致你分心。通常情况下，导致你分心的事情大致包括电子邮件，效率低下的会议，办公室里的娱乐、消遣等。

如果你的电子邮件经常打开，那么，你可能会常常收到亲朋好友发来的笑话或者问候的邮件。他们可能原本并不想打扰你的工作，仅仅是为了问候你一下或者让你开心一下，然而无意中却让你分心了。遇到这种情况，通常可以用两种方式解决：一是只在中午休息的时候处理与工作无关的邮件；二是要求亲朋好友或者其他人不要在你工作的时候打扰你。

身在职场，你不免要参加各种各样的会议，有的对你有意义，有的对你没有任何价值。对你有意义的会议也就罢了，参加对你没有任何意义的会议会让你觉得是在浪费时间、浪费生命。那么，怎么判断你参加的会议是否对你有意义呢？那就要看会议有没有主题，会议的议程控制得是否非常好。如果会议有明确的主题，而且议程控制非常好，而你又做好了会议前的准备工作，那么，你就去参加会议吧。这样的会议对你而言,肯定不是毫无价值的。如果你发现会议没有明确的主题或者目的，那么你就可以找个理由不参加这种会议。

一个公司的员工多了，工作有些单调了，或者工作中遇到困难了，人们就想停下来休息一下，两三个人在一起喝口茶或者喝杯咖啡，聊聊天。这种情况在职场中是非常普遍的。在工作中，你也会有懈怠心理，也想停下来休息一下。这种心理情有可原，也是可以理解的。但是，你要记住的是，在休息之前，一定要先把手头的紧要工作完成，以免找不到头绪或者打断构思。

你也许永远都不可能完全消除那些让人分心的东西，但这里有个简单而有效的方法可以帮助你战胜它们中的大部分。很多销售人员和管理者长期坚持这个方法，并收到了很好的成效。把下面这个字条贴在你的电话机上、桌子上、电脑显示器上或是任何一个你很容易看到的地方："我现在是在为我的目标而努力吗？"如果分心了，这个小纸条可以让你把精力重新集中到重要的事情上去。

另一个降低转换成本的方法就是在一个单独的任务上集中精力，直到完成。然后再开始下一个。

哈佛时间管理小秘诀

当你意识到电子邮件、电话、意料之外的来访者或煮咖啡，都可能让你分心，从而打断工作并延长了完成工作的时间，你就应该想一些办法解决分心的问题。有很多方法可以避免分心，这里列举几个：

（1）忙碌的时候让答录机替你接电话。

（2）关掉自己的电子邮件。

（3）使报纸等让人分心的东西消失在自己的视线中。

（4）如果你有一间属于自己的办公室，工作的时候要关上门，然后在门上挂个“忙碌”的牌子。

你的目标是尽可能地在放下手头的这项工作之前就完成它，这和长久以来的时间管理的建议有异曲同工之妙，那就是不要在同一项工作上花两次的时间。

8. 建立时间活动日志

时间是世界上一切成就的土壤。时间给空想者痛苦，给创造者幸福。

——麦金西

查理是一家大公司的部门经理。一日，他像往常一样来到公司上班，打开办公室门后，看到桌子上堆积如山的文件，他感觉十分无力。但为了生活，他只能接受这些工作。因此，他拉开椅子坐下，开始了一天的忙碌。正当他为处理文件绞尽脑汁的时候，他的秘书莉莉敲门进来，并告诉他：“查理经理，现在有一位客人正在门口等着见您。”

查理被脑中思考的问题缠住，并没有太留意秘书的话，只是随便地告诉她：“让那个人先坐一会儿吧，我忙完手里的事情就过去了。”

过了半小时，查理的工作终于告一段落，并走出了办公室。见到着急地在会客室转圈的客人后，查理露出笑脸，略显歉意地说：“真是不好意思，我今天要处理的工作太多了，让您等了这么久。”

客人看着他的笑脸反而更生气了，愤怒地对查理说：“既然查理先生这么忙，我们就以后再说吧。”客人转身离开了会客室，只留下了查理不知所措的身影。

第二天，公司的上层就决定将查理解雇，理由是查理无礼的行为使公司失去了一个重要的客户，这次的损失高达上千万欧元。

这时，查理才注意到一直挂在办公室墙上的公司的管理理念，上面写着：“我公司的人必须有时间观念，不得随意迟到早退；要按时按量完成公司安排的工作；所有员工要有自己的每日计划，以应对好工作中的各种细节。”

其实，查理并不是没有时间去接待客户，而是因为他没有安排好当天的工作。接待重要客户和浏览文件，他没有分清主次。他把主要的任务当成了次要任务，惹得客户不满，使得公司失去一单大业务，这是公司解雇他的根本原因。试想，如果他能合理安排好自己的时间，为公司拿下这笔上千万欧元的生意，那么现在等待他的就不是解雇，而是升职加薪了吧。

对时间毫无计划最终只能导致一种结果，那就是越忙越乱，越乱越忙。时间是“计划”出来的，能够合理规划自己时间的人就等于比别人多出了几个小时。除了珍惜时间、重视时间的价值、合理利用零碎时间之外，我们还应当对时间有个合理的规划，这样才称得上是有效利用时间。根据哈佛有关专家的研究，你可以从以下几个方面规划和利用自己的时间，提高工作效率：

（1）学会合理分配时间

想要提高工作效率，重要的一点是不要将手里的工作平均分配，你要将有限的精力和时间运用在最关键的事情上，而不是将别人要交代的每一件工作都答应下来，要学着拒绝一些当下不那么重要的事情。不要为了满足自己心理上“今天做了很多工作”的“充实感”，就对一切工作来者不拒，问一问自己：“这件事情值不值得去做？”

（2）学会把握时机

在处理问题的时候，需要对时机有很高的敏锐度。如果能够抓住合适的时机，就有可能通过最小的成本换取更大的成功；反之，如果缺乏掌握时机的能力，就往往会使得之前所有的努力功亏一篑。因此，对于追求成功的人来说，掌握时机的能力是不可或缺的，把握时机，创造机会，才能获得成功。

（3）学会平衡时间

每个人的生活中都有“自由”与“应对”两种时间。“自由时间”是指受到个人支配的时间；“应对时间”则是不受个人支配，对他人他事予以反馈的时间。这两种时间都是必然存在的，任何一方过多或过少，都会对自身或他人造成不良影响。因此，如何在这两者之间保持一种平衡显得尤为重要。

（4）学会利用时间碎片

工作和生活中，人们往往很难拥有大段时间来集中精力做事情。所以，如何将被各种琐事影响而被打碎的时间有效地利用起来，就成为提高工作效率的关键。

哈佛时间管理小秘诀

可以通过书面的方式，如一份详细的活动日志来让自己更清楚时间都花费在了哪些地方。这份日志里应有你过去三天的活动，最好是完整的一周的活动。理想的状况是，这个日志应该记录有代表性的日子——不包括那些非常规的花费大量时间的旅行、多天的销售会议等类似活动的日子。确定记录下你做过的所有事情，特别是那些简短的活动和浪费时间的活动——它们占据了绝大多数人生活的大部分。

给每项具体的工作用大类划分出来，如“外出考察”“撰写报告”等。这样，当你回过头来，对日志进行总结的时候，就可以更加一目了然。举例来说，一个办公室工作人员的活动分类，可能包括以下内容：电子邮件、电话、文书工作、编制计划、准备工作、会议、接待访客及处理工作等。

记录下所有活动之后，基于前面所描述的关键目标、使能目标和最好具备目标，对每一项活动指定相应的优先权，优先权可以分为A、B、C三类。这里要记住：A是最有价值并需要你最先关注的任务，可以称为关键目标。B是可以间接支持关键目标的，价值略低于A类的任务，可以称为使能目标。C是不那么紧急和价值不那么高的任务。

Lesson 2

确立有效的时间管理目标

目标是行动的方向。对于个人而言，可行而又准确性极高的目标可以引导个人进行高效的工作，对自身时间管理与竞争力的改善有着重要的意义。在本节中，你会了解到目标管理方法、目标沟通与落实的途径，以及如何在不同的任务中排列出先后顺序。你将会从中了解到目标管理的相关过程与相关技能，从而使自我目标管理水平得到大幅度提升。

自我测试：你的目标是否足够明确？

清晰明确的目标是一个人努力前进的方向和动力。因此，一个人在职业发展道路上至关重要的第一步，就是确定自己的职业目标。那么，如何知道自己是否已经拥有明确的职业发展目标了呢？下面，就让我们通过下面这套测试题来看一看吧。

下面的每个小题有A、B、C三个选项，请根据自己的实际情况进行选择，并把自己的选项记录下来，然后根据每个选项的评分标准进行累加，得出总分（测试结果仅供参考）。

评分方式：

1、7、9题：A,0分；B,10分；C,5分。

2、6、10题：A,10分；B,0分；C,5分。

3、4、8题：A,5分；B,0分；C,10分。

5题：A,0分；B,5分；C,10分。

1. 你的公司安装了一台新款打印机的时候，你会？

A. 不去使用新机器

B. 想要尝试新机器

C. 向已经掌握使用技巧的人询问使用方法

2. 公司的联谊活动上，同事跳了一种你没见过的舞蹈的时候，你会？

A. 虽然不会，但也想加入其中

B. 安静地看着，等待出现自己熟悉的曲子

C. 找别人教自己这种新舞蹈

3. 你头一次与好友去西餐厅吃饭，但不会西餐的就餐礼仪的时候，你会？

A．学习好友的就餐礼仪

B．坚持中餐的就餐礼仪

C．悄悄地询问餐厅工作人员

4．你到外地出差，却不了解当地方言的时候，你会？

A．使用自己了解的附近地区的方言

B．坚持使用普通话

C．一边学习当地方言，一边与当地人交流

5．你想要自己安装鞋柜，却不会使用工具的时候，你会？

A．雇用专业人士

B．按照使用说明

C．自己摸索尝试安装

6．你参加自己并不熟悉领域的讨论会的时候，你会？

A．当场提出问题

B．假装听懂发言

C．会后自行解决疑问

7．你被一家服装店橱窗里的裙子吸引，走进去后才发现店中的衣服都没有价签的时候，你会？

A．直接离开

B．询问店员这件衣服有没有合适自己的号码

C．假装挑选一下后离开

8．管理者交代一件你不擅长领域的工作时，你会？

A．表明自己愿意尝试，但需要他人帮助

B．委婉拒绝管理者，并告诉他没有做过类似的工作

C．表示自己并不擅长，但愿努力尝试去做

9．你发现一款比较喜欢的衣服，认为特别适合你的个人气质，你会？

A. 越想越犹豫，想再问问同事意见

B. 自己考虑清楚就去购买

C. 看是否有认识的人购买，有人买自己再去买

10. 如果你的工作需要一些机器替代的重复劳动，但你并不会使用这台机器的时候，你会？

A. 请教别人或通过使用手册学习使用方法后，用机器完成

B. 不使用机器，依然手动完成

C. 让别人使用机器帮助自己完成

测试结果：

总分 40 分以下：

你还没有确定好自己的职业发展目标。对自己抱有很高的期望值，却迟迟不敢对新鲜事物付出行动。你应该懂得，只有不断地实践，才能提高自己的能力。因此，想要实现目标的你，就应该积极去尝试，不要畏惧问题发生。

总分 41—70 分：

你对职业发展目标的确定显得有些拘谨。虽然你已经在不断实践的路上，但总是要比别人花费更多的时间。这是因为你总是想要考虑得更加全面，但是在竞争过程中，时间是不等人的。因此，你要尝试将步子迈得更大一些，敢于抓住眼前的机会，或许会有意料之外的成功。

总分 71—100 分：

你对职业发展目标有着非常明确的规划，并为此付出努力。但是大胆尝试的态度，也可能导致你过于自信，不能及时观察到任务的细节。你应该认识到自己还有所欠缺，并多与人交流经验，这会对你的职业发展有很大帮助。

1. 了解你自己的价值

一个人的价值，应该看他贡献什么，而不应当看他取得什么。

——爱因斯坦

纳什早些年在哈佛大学商学院求学，毕业后在一家大型化妆品公司做市场主管的工作。他非常聪明，也很敬业，对工作总是一丝不苟，不允许自己犯丝毫的错误。他热爱现在的生活，对自己的收入也非常满意，喜欢到处旅游，住在比较豪华的宾馆里。他有一个远大的奋斗目标，那就是他想成为这个跨国母公司的主要决策者之一，这个目标给了他无穷的动力，使他每天不分昼夜地工作，把自己所有的周末都花费在与同事或者客户的联系与沟通上。

当他 50 岁的时候，他终于获得了董事会成员的资格，而此时他的妻子却因为种种原因与他离婚了。同时他身体也出现了状况，得了溃疡。第二年，他的冠状动脉栓塞发作。在医生的建议下，他不得不放弃自己唯一坚持的运动——爬山。然而，他仍然没有停止工作，他觉得自己的人生价值还没有实现，还没有实现自己的抱负。

55 岁之前，他一直致力于公司的管理，如果顺利的话，他几乎可以实现自己的梦想，当上这家大公司的首席执行官。目标的日趋实现使他更关注工作，以致没有时间去探望因身患重病而被迫住院的儿子。

56 岁那年，纳什终于如愿以偿地当上了公司的首席执行官，而这一年，他的儿子也因病去世了。

他私下里对他的秘书说："虽然我没有太多时间与孩子一起度过，但是我的儿子对我来说是世界上最重要的。"

不管你是如何来看待纳什的个人选择的，这个事例至少能给人们的启示，就是人要了解自己的价值，并且对此给予密切的关注。

哈佛大学商学院的塞缪尔·约翰逊教授认为，从价值的本质来说，价值就是你所思考的一切，也就是什么是你值得做的和值得努力的，你需要树立怎样的生活目标和人生目标，你需要如何协调自己的生活与工作。这里有一个相反的效果，如果你在某物或者某人上花费了时间与精力，你对这个事物或者这个人的期望会高于你没有花费时间和精力的事物或者人。

在一定程度上，选定一个目标并且努力去实现它，这个时候我们就创造了价值。在时间管理的背景下，价值潜在地扮演了一个非常重要的角色，它们是你努力的向导。出于某种原因，你的将来类似于一片没有探索过的陌生海域，而不是一条熟悉的溪流。你只靠自己的双手努力，也许不会成功，但是你可以选择航海家或者旅行者作为你的向导，并且跟随他们，直到你到达目的地。

不管你是否意识到价值，它们都会在你前进的道路上起着重要的作用。掌握更高超的航行技能的第一步就是充分了解目前能够影响你生活选择的那些价值。了解你的价值并且追随它们，但是不要将它们强加在其他人身上。你要记住，学会与其他人交流的第一件事就是不去影响他们各自特殊的快乐方式，只要他们没有通过暴力方式干涉我们的生活。

价值能用有目的的语言来表达，反之，有目的的陈述也能根据价值来理解。例如，如果你认为自我实现是人生中的头等大事，这可能说明对你来说，个人价值排在第一位。如果你认为其他人的自我价值也非常重要，那就再好不过了。也就是说，你的自我价值不要以别人的代价来实现。如果你的自我价值是以别人的代价来实现的，那么你就应该尽早结束它，就像塞缪尔·约翰逊认识到的那样："爱惜你自己，不要树敌。"

在现实生活中，你的价值体现在为别人创造什么样的价值。也就是说，一个人想要实现自己的价值，首先就必须要为别人创造价值，得到别人的认可，然后在为别人创造价值的前提下，进一步实现自己的人生价值。

这是一个很自然的过程。你去一个公司工作，就一定要为公司创造一定的价值，让你所在的公司赢利。如果你不能为公司创造价值，即使你学历再高、资历再深，公司的主管也会把你炒掉。利益，把人与人、人与社会，甚至国家与国家都联系了起来。

所以，你要实现自己的价值，就要先了解自己的价值，为别人、为社会创造价值。在一个公司里，你要做的就是发挥自己的价值，证明自己，为公司、为社会创造价值。同时，你还需要发现你的下属的价值。你越是发现手下人的价值，他们对手头的工作就越是专注和主动。

哈佛时间管理小秘诀

要想让公司重用你，实现你的人生价值，你需要具备以下四个基本要素：

（1）人品。人品是指一个人的品德、品行，为人处世的行为标准。你的人品决定了你职业发展的前景。在公司里如何对待管理者和同事，面对金钱诱惑等原则问题时如何处理，都是体现出人品的关键时刻。

（2）沟通。在职场中，拥有良好的沟通技巧显得尤为重要。善于与人沟通，才能与同事更好地合作、让领导更好地理解你的意图、吸引更多的客户。善于沟通还可以带来更多的机会，获得更大的发展。

（3）技能。在职场工作中，拥有与众不同的职业技能，可以使你从众多的人中脱颖而出，没有管理者会拒绝有能力的员工。

（4）激情。保持激情对于职场人士来说是非常宝贵的，这也是走向成功的首要因素，特别是对于销售类工作的人员。因此，你要学会调节自己的负面情绪，对工作保持热情，这会给你创造成功的机会。

你要记住一句话——“机会永远是留给有准备的人的”。你要在工作中勇于实践，了解自己的能力，不断提升自己的个人价值，并在机会来到你面前的时候，毫不犹豫地抓住它，这样你就能完成自己的理想，进而实现自己的人生价值！

2. 如何进行目标设定

如果你想要快乐，设定一个目标，这个目标要能指挥你的思想，释放你的能量，激发你的希望。

——安德鲁·卡耐基

据说，曾有人问罗斯福总统的夫人埃莉诺：“尊敬的总统夫人，如果那些刚走出校门、想在社会上干出一番事业的年轻人想让您给一些建议，您会给什么样的建议呢？”

埃莉诺谦虚地摇摇头，说：“先生，你的问题让我回想起我在念书时候的一件事情：那时候，我想要一边上学，一边工作，如果是一份电讯专业相关的工作就再好不过了，因为这可以帮助我拿一些学分。于是，父亲帮我联系到了他的朋友萨尔洛夫将军，当时父亲的这位朋友在无线电公司任董事长。

“当我见到萨尔洛夫将军的时候，他问我具体想做什么样的工作？我当时觉得，他的公司有很多岗位，对我来说都不错，所以也就不用选择。于是我就说干什么工作都可以。

“但我这样说完以后，他马上停下了手头的工作，眼睛盯着我，严肃地教育我：世界上没有一个叫‘随便’的工作，你这样没有目标的工作，是不会成功的。

“萨尔洛夫将军的话让我很羞愧，我意识到自己的态度是对工作的不尊重，更明白了目标的重要性。从那以后，我总是会寻找有意义的目标，并用明确的目标来引领自己生活的方向。因此，我也通过自己的努力，做出了很多有益于社会的事情。”

哈佛大学商学院米尔·狄塞教授认为，目标是时间管理的核心，是人们生活围绕的主轴，能够为人们的行为指明方向。不过，在我们身边，没有明确目标的人大有人在。他们努力工作，勤奋学习，但是从来没有一个明确的目标，更谈不上职业规划了。他们总是机械地工作，一刻不停地忙碌着，却永远也忙不到点子上——由于缺乏目标，他们把大量的时间和精力都浪费在一些无关紧要的事情上了。

现实生活中，我们经常发现，那些做事高效的人始终会把他们的注意力集中在他们预先设定的目标上，在向着目标奋进的过程中，他们常常运用想象来提醒自己的目标所在。

目标的设定是为了能够更好地实现自己所期望的结果。当你设下这个目标的时候，就意味着你需要不断地付出实践，无论中途遇到什么样的困难，你或者你所在的团队，都会为了实现这一目标而努力。

设立目标并记录目标的完成情况，可以帮助你：

1. 将精力和时间集中在最关键的部分；

2. 为正在进行的事情提供一个前进的方向；

3. 减少不重要的工作上的人员配比；

4. 避免过多地浪费时间和精力；

5. 及时得到工作反馈，激励自己；

6. 进行全面统筹，促进工作的成功。

如果你想让自己的工作卓有成效，就应当在工作之前为自己设定一个明确的目标，并且为这个明确的目标创建一个经常提醒自己的方式。比如，你可以把你所确定的目标和实施计划写在便笺或者记事本上，并且把它们放在家里或者办公室里显眼的地方，使你能够经常看到它们；或者你也可以把它们记录在电脑里，放在桌面上，每天打开电脑就能够看到它们；或者你可以把你设定的目标和计划录到手机等电子产品中，在你开车、做家务、休息或者思考的时候播放它们；你还可以把它们输入电脑，打印成纸样，然后悬挂在办公室或者卧室里。这样，你设定的计划和目标就会常常出现在你的眼前，帮助你始终把注意力集中在这些最重要的目标上。

根据所需要的时间长短和重要程度，目标也是有所区分的。例如，短期目标可以在几天内完成，而中长期目标可能需要几个月或者数年。而对于身在职场的人，又可以把目标按照重要程度划分为：公司整体、工作团队、个人三类目标。要切记的是，无论如何划分，都要根据实际情况，确定目标的可行性。

哈佛时间管理小秘诀

要成为行动的有效指导，你设定的目标应该具备下面提及的这些特征：

（1）明确的书面条款。避免目标的模糊性，含糊不清将会使时间管理复杂化。

（2）时间限制。你的目标不能没有时间限制，你要写清楚你的目标是在这个周末实现还是要到今年年底实现。

（3）可衡量性。如果你不能衡量目标实现的进程，即使目标实现了，你也可能不知道。

（4）重要性。你确定的目标应该能够实现你或者整个工作团队的价值。

（5）与团队的目标统一。团队目标应该支撑组织目标，个人目标应该支撑团队目标。

（6）具有挑战性但是有实现的可能。你设定的目标应该促使你努力工作并且能够实现。

3．运用思维导图确定目标

不要说什么“明天再干吧”，今日事今日毕，明天还有明天的事。

——土光敏夫

施耐德是一家总部位于波士顿市区的公司的主管，他认真工作，然而他并不擅长时间管理。他常常努力想节约时间，每天起草详尽的日程表，计划着每件事情，以免事倍功半或者返工，确保同时至少做两件事情，如一边开车一边听 CD。

然而，尽管他每件事都作了计划，但是他还是觉得自己落后了。不知道为什么，他从未完成过日程表上的任务。他的大脑一片混乱，担心孩子的成长不再需要他，而且同妻子有了一些隔阂。

他每天睡觉的时候都觉得筋疲力尽，充满了负罪感。他觉得自己的时间管理是失败的，想放弃了。

其实，施耐德没有明白关于时间管理的真正内涵，更没有找到科学的、有效的管理时间的方法。其实，人们可以运用思维导图来确定目标，进行时间管理。

思维导图，是一种为弥补传统线性笔记方式的不足而被创造出来的新型笔记方式，它通过图形的方式表达出使用者的发散性思维，又被称为心智图。思维导图的出现堪称一次思维工具界的革命，它通过图片与文字共同使用的方式，将笔记中的不同内容以层级的形式表现出来，并把笔记的关键词与图像、颜色等建立联系，通过多样性来帮助使用者增强记忆能力，进一步开发大脑的潜能。

各种各样时间要求的关系网，都可以利用思维导图来加以说明。这是因为思维导图非常直观，它是由一些有组织、有条理、富有建设性的关键词组成的。这种全面的方法使语言和形象思维互相配合，从而促进大脑左右半球进行创造性工作。

运用思维导图的方法，你可以快捷而明了地做笔记，有目的地进行思考，发现点子，解决问题。把你的想法自发地、形象地写在纸上，然后你就能让大脑的左右半球同时进行，从而发挥你所有的聪明才智。众所周知，人的左侧大脑半球负责分析思维、逻辑思维、结构、数字及概念等，而右侧大脑半球则分管幻想、直觉、计划，还有整体思维。当两个大脑半球协调工作时，便会产生异乎寻常的功效。

思维导图非常简单，让人一目了然：把中心议题画在或者写在一张白纸上，然后认真地搜集一些与之相关的关键词，然后把它们同中心议题连起来。而这些关键词又可以派生出其他的分支，循环往复地进行下去。这里特别要指出的是，要使用不同的颜色，自发地去产生联想。

那么，应如何制作一份思维导图呢？

（1）使用工具

◆可用的几张白纸；

◆一套好用的软芯笔；

◆四支以上不同颜色的涂色笔；

◆一支标准钢笔。

（2）制作步骤

◆从白纸的中心开始制作笔记，并留出足够的空白；

◆通过图像的方式表达出这份笔记的中心思想；

◆绘图的时候尽可能多地使用多种颜色的涂色笔；

◆画出中心图像和主要分支，然后连接主要分支和二级分支，接着再连接二级分支和三级分支，以此类推；

◆用美丽的弧线连接，不要用直线连接；

◆每一条线上标注一个关键词；

◆尽可能多地使用图形。

我们可以使用“旅行”这个概念来运用思维导图：在一张纸（A3或A4大的白纸）的中央写上“旅行”，然后在这个概念的周围写上你目前所能想象的与之相关的词语，把这些关键词同中心连起来。主系及旁系可能是：旅行目的地、食宿、准备、旅行的人数。现在请你把这些概念扩展，如“准备”可以包括订机票、整理行囊，采购所需物品……

于是，一张图便跃然纸上了。它反映了你的愿望与诉求，反映了你所要做的事情，可能存在的问题，以及解决问题的方法。通常来说，思维导图是无休无止、没有尽头的。经常运用它来明确你的目标，肯定会对你大有帮助的。

哈佛时间管理小秘诀

通过对思维导图的学习和掌握，便可以将思维导图运用于工作生活中的方方面面，如学习、会议、演讲等，思维导图所带来的清晰思维方式，也可以为使用者带来意想不到的诸多好处：

（1）大幅提高你学习的效率，更快速地接受新知识，帮助你更加出色地完成学习、工作中的目标。

（2）汇集脑海中碎片化的想法，激发更多的灵感与创意，通过图标的方式将这些闪光点集合成为一个整体。

（3）帮助你形成更加系统的思维方式，这会帮助你更加从容地处理与人沟通、快速记录笔记等需求。

（4）让你具有非凡的学习能力，便于你更高效地向优秀的人学习，并以他们为目标，不断地努力提高自身价值。

（5）在使用思维导图的过程中你会更加理解这个思维工具的特殊之处。在文字之外，它将数字、字母、颜色、图像、空间等各个方面的大脑智能统统调动起来。这一过程，极大地激发了大脑运动，使你拥有更加清晰的思路，并在工作生活中的方方面面展现出你过人的大脑表现。

4．制定目标的具体方法

当我们最终失去了目标，我们就要加倍努力。

——马克 · 吐温

在一堂培训课上，泰德说出了自己的目标："老师，到明年的今天，我想在一年内赚到300万元！请问我该如何实现这个目标？"

培训老师看了看他，说："据我了解，在你所从事的行业中，做一个项目你大概能挣3至5万元。如果想在明年实现这个目标，你应该完成60至100个项目。你目前每年能完成多少个项目？"

泰德说："一年大概能完成10个项目。"

老师接着问："为了完成更多的项目，你需要花时间去谈项目。你一般多久能谈一个新的项目？"

泰德说："不太好说，一般一个月也就能有1至2个新项目。"

老师笑着说："如果这样来说，你即使更加努力和投入，每月新谈2至4个项目。每年预估也就完成20多个项目，离60至100个项目还差得远。所以你要实现这个目标是不切实际的。即使你很有决心、敢想敢干，但目标并不是想象出来的。"

泰德说："老师，我明白了。目标还需要切合实际，还需要各方面的因素才有可能实现。"

泰德为自己制定的目标很大程度上是凭空想象出来的，当老师帮他把自己的目标细化后才发现，完成它有多么困难。一个人要制定自己的目标，首要前提就是这个目标通过个人努力能够实现。不然，这样的目标就是不切实际的。

制定目标不能制定很简单的、毫无挑战性的目标，不然，同样也没有什么意义。

有一个清晰的生活规划蓝图，对人生获得成功是很重要的：制定明确的工作、生活目标，并为之不断付出。只有这样日复一日地坚持下来，今天的付出才会成就美好的明天。

制定目标，大家可以借鉴以下的几个步骤。

（1）认清你目前的情况（起点），寻找终极人生目标。你需要思考以下这些问题：

◆你拥有的长处，或者有哪些与众不同之处；

◆你对哪些事情会充满激情，有哪些冲动会促使你完成一些事情；

◆你自身的经历和你身边的人或者崇拜的人有哪些不一样；

◆你现在身处的环境是怎么样的；

◆你身边有哪些出色的人，你是否与他们有所来往；

◆这些优秀的人身上有哪些值得你学习的闪光点；

◆你的内心中有哪些需要被别人满足的方面；

◆你是否思考过你所能做到的最伟大的事情。

上面的这些问题，你应该每年都重新思考一次，这可以帮助你考察自己的理想是否发生变化。如果在连续的几年中，你始终没有更改自己的目标，并且这个目标依旧保持着对你的吸引力和挑战性，以你当下的能力依然不足以实现它，你也在为了这个目标不断努力着，那么恭喜你，你可能已经找到了属于自己的最终的人生目标了。

（2）列出人生目标清单。将自己的人生目标清楚地写在纸上。拥有人生目标是非常重要的事情，这代表了你一生的抱负。你只要为了这个抱负不断地付出努力，就有可能实现这个抱负。

思考什么是你人生中最渴望得到的东西？什么是你设想一定要完成的事情？什么是如果不放手去做便会后悔一生的事情？这些才是值得你作为人生目标的事情，将这些事情用纸笔记录下来。如果你发现其中哪个目标只是为了完成下一个目标的必要步骤，就把它删去吧，因为那肯定不会是你的人生目标。

（3）对你的人生目标进行分门别类。比如，学习、工作、家庭、健康等。

（4）对你的人生目标分出轻重缓急。优先去做紧急的事情，确定当下最重要的目标，不着急的暂且放下。

（5）将人生目标用纸笔记录下来，之后找一个监督者。清楚地写下目标，有助于你时刻提醒自己它的存在，然后将这个目标告诉你的家人好友，他们的陪伴和支持会给你额外的动力，也可以对你进行监督和考察。

哈佛时间管理小秘诀

确定好目标以后，你最重要的事情就是开始实践它了，在实践的过程中，以下一些小建议或许能帮助到你：

（1）给自己鼓励，树立信心，不要因为困难就轻易放弃。挫折是成功的必经之路，只有坚持才能越过。

（2）每天问一问自己："我今天做的事情对实现目标有帮助吗？如果做得还不够，我还应如何去改正？"

（3）对于自己设定的目标，要积极行动起来，并严格遵守计划中的步骤。

（4）在完成目标之后，也要及时进行分析反思，找出自己在这一阶段的优点和不足。对于不足的地方，要进一步思考改进的方法，并合理调整之后的计划，向着完成目标更进一步。

（5）完成目标后的适当奖励，可以更好地激励自己。

（6）学会向前辈请教问题，可以少走很多弯路。

5．让目标落实为任务

成功就是一个人事先树立的有价值的目标，然后循序渐进地变为现实的过程。

——格莱恩 · 布兰德

1952 年 7 月的一天，加利福尼亚海岸弥漫着浓浓的雾气，原本能见度高的晴朗天气消失了。在海岸以西的卡塔林纳岛上，费罗伦丝 · 查德威克准备游到加利福尼亚海岸，她想创造世界纪录。这是她的梦想。

虽然天气不是特别好，不过她还是决定按原计划进行。早上的雾很大，雾气使她的视野受到一定影响，甚至看不到护送她的船只。时间一点点地过去，她不断地游着，向着海岸的目标靠近。很多人也都在关注着她，看她能否创造纪录。

15 个小时过去后，她还是没有看到海岸，感到自己坚持不下去了。于是放弃了这次尝试，让人把她拉上了船。她不知道的是，其实她离海岸已经只有不到 1000 米了，这个距离对她来说其实是可以克服的。但是她在海里游着的时候，看不到海岸在哪里，只能看到浓浓的大雾，所以她放弃了。可以说，让她半途而废的，在很大程度上是因为浓雾，浓雾使她看不到方向和目标。

如果费罗伦丝 · 查德威克能看到加利福尼亚海岸，相信她就不会放弃，也一定能够游到那儿。

如果你希望自己不犯费罗伦丝 · 查德威克那样的错误，就要明确自己的目标，并且进行分类。然而，许多重要的目标都是总体性的，以至于我们没有办法直接进行分类处理；作为替代，我们必须将它们分解成便于管理的任务和对应于每一项任务的工作。这就像要吃掉一头牛，首先要把牛分解、切割成小块，然后再一块一块地吃掉。对于宏大的目标，你需要做同样的事情。

哈佛学子约翰·菲什视频在线分享时间管理方法，他坚持每日做计划并逐项完成。从早上 7 点起床，到晚上 10 点睡觉，都有详细的学习、锻炼、阅读、休息等的安排。正是对目标和任务不断计划和完成，让他在学习中找到乐趣，并充分地利用好时间。

对于日常生活中的大家，也需要对任务进行分解。总的来说，建议通过下面的四个步骤对目标进行时间管理：

（1）把大目标分成小任务。对你制定的目标进行分析，并清楚地列出完成这一目标所需要的具体任务。比如，你们公司要发起一系列内部培训研讨会。这个研讨会要每个月举行两次，举行 3 个月，共 6 次。在这里，举行内部培训研讨会是目标，可以把它分解为：首次首脑会议、第二次会议（确定主题和演讲人）、部门首脑研讨会、内部提升与沟通、单独会见每一个演讲者、监督执行、研讨会评价、向每一位演讲者致谢并赠送小礼物等。同时，你还要计算一下每一个任务大致需要花费多少时间。

（2）确定任务的优先等级。当你列出任务后，需要给每项任务确定出优先等级，这里你可以选择用 A、B、C 三级来确定，A 级为最高。优先等级可以帮助你了解这些人物的重要性。

A 级任务是最重要的、最需要立即执行的任务目标，需要你最优先的关注。

B 级任务是比较重要、比较紧急的任务目标，需要次一级的关注度。

C 级任务则是重要性不高、不那么紧急的任务。

(3)以正确的顺序完成任务。有些任务是完成其他任务的前置条件，你要掌握好任务之间的关系，并合理地完成它们。举个例子，完成一份送给高级管理人员的重要报告可能需要这样的次序：收集数据—列出报告提纲—撰写报告—征集意见—修改报告—提交报告。也不是所有的活动都必须遵循这种顺序关系，也可以是“先完成后开始”的关系。比如，一个新的计算机系统的开发流程，软件开发人员必须等待部分但不是全部硬件开发工作的完成。在这以后，大多数硬件开发和软件开发工作可以同时进行。总之，你要做的就是把这些关系记录下来，并且在确定工作进程的时候把这些关系牢记于心。

对于优先级别为 A、B 的任务，也就是那些你认为最重要的任务，你应该在进行工作前合理地估算一下完成这些工作所需要投入的时间，估算的精确度会随着你的工作经历而增长，如果是你已经接触过的类似的工作，你就可以很好地进行估算。但如果你面对的是从未接触过的新工作，积极地去询问你的同事、管理者和其他专业人士是一个很好的选择。在已经估算好的时间上，你要给自己留出 10%—20% 的额外时间，以应对突发状况。此外，你还可以给你要做的任务设置截止日期，或者给困难的任务设置阶段性的奖励措施等，这些方法都会督促你更好地完成任务。

(4) 除了给自己划分具体任务和估算时间以外，你还可以尝试另一方法来高效完成手中的任务。那就是设法把你认为可以委派给其他人的部分或者全部任务委派给可以完成的人。

哈佛时间管理小秘诀

对时间的精确估计有助于计划工作。如果是你熟悉的任务，估计完成时间不会很困难。相反，对于不熟悉的任务，就需要更多的时间和精力来思考。注意估计的过程所花费的时间也是要最后计算到整个过程之中的，所以要尽可能地实际。粗略地过低估计时间最终也会影响你。下面是估计时间的一些小提示：

（1）估计要在经验的基础上，使用平均的预期时间来完成一个任务。你或者同事越熟悉一个任务，你们估计的时间就越精确。

（2）一定要记住估计就是估计，不能确保，所以也不要在这个阶段就把它们转变成承诺。

（3）将估计的时间适当加长是避免任务实际时间比计划时间超时的最好办法。但是必须要公开进行，并且也要清楚自己在干什么。

6．用合理的高难度目标来规范自我

要达成伟大的成就，最重要的秘诀在于确定你的目标，然后开始干，采取行动，朝着目标前进。

——博恩·崔西

有一个小时候体质较差的小女孩，她上体育课时，不太能跟上同班同学的节奏，这让争强好胜的她感到十分失落，由于总是班里体育项目的后几名，慢慢地她开始厌倦了让她感到挫败的体育课。这时候，妈妈的一番话鼓励了她，妈妈说："不要因为这一点小事就失落，没关系的，你跑得不够快只是因为你年龄比较小。你有好胜心是好事，但你可以尝试不要争第一名，先从超越前一名做起。"

小女孩暗暗将妈妈的话记在心里，等到下一次体育课跑步的时候，她拼命地追赶前面的那位同学，最终她成功了，不再是班里跑步最慢的一个了。之后，她每次都把“超越前一名”当做自己的目标，这个目标有时成功、有时也会失败，但是她并没有放弃。一个学期下来，她已经能跑到班里中间的名次，之前对于体育课的厌倦感也慢慢消失了。

看到她的成功后，她妈妈继续引导她：“不光是体育课，其他学科的学习上也是一样的，只要你能超越前一名，你就是成功的。”

已经尝到甜头的小女孩，自然很相信妈妈的话，就这样不断超越着自己的前一名，在高考中考上了北京大学。但这并不是故事的结束，而是新的开始，她继续努力，成为哈佛大学的全额奖学金硕士研究生，又继续在哈佛大学攻读博士学位，在此期间，她还当上了哈佛大学研究生总会主席，她是哈佛大学建校以来，第一位任这一职位的中国女孩，她就是我们所知的才女朱成。

“只追前一名”对于这个女孩来说就是一个合适的目标。只有方向明确、期望合理的的目标，才能激发人为之努力。因为如果目标太高、期望值太大的话，就会使人觉得力不从心，从而放弃追逐。符合实际而又有些难度的目标才能引导人脚踏实地地前行。

合理的高难度目标，就是说目标的定位既要从实际出发，又要尽可能地让它远大，让它具有难度。就像是日行千里的人与日行十里的人，精神状态就不一样，攀登高山的人与爬山坡的人发挥的潜能也不一样。合理的高难度目标更有利于规范自己的行为，发挥自己的潜能。这就像一些田径教练员经常对跳远运动员说的话：“跳远的时候，眼睛看得远一些，你才能跳得远一些。”

合理的高难度的目标是迈向自我塑造的第一步，但用合理的高难度目标规范自己，你应注意做到以下几个方面：

（1）确立宏伟却合理的高难度的目标

许多人发现，他们之所以达不到自己的目标，是因为他们的目标太小太模糊不清或者是太容易，使自己失去前进的动力。因此，只有确立一个宏伟却合理的高难度的目标才能激励你奋发向上。

（2）把握好情绪

一个人开心的时候，体内就会发生奇妙的变化，从而获得不竭的动力和力量。因此，你应找出自身的情绪高涨期来不断鼓励自己，让自己充满激情地去工作，为自己预定的目标而努力。

（3）加强紧迫感

不要觉得你有许多时间可以挥霍，不要总是认为你有充足的时间去实现你的理想、实现你的目标。如果你没有紧迫感，不能充分地管理时间、利用时间，你就永远也不可能达到你设定的目标。

（4）迎接恐惧

要达到高难度目标需要面对意想不到的困难，这个时候你应该勇敢克服因困难而产生的恐惧。对你而言，哪怕克服的是一个小小的恐惧，也会增强你对创造自己生活的信心。

（5）做好调整计划

实现目标的道路绝对不是平坦的，而你的目标也需要根据时间的推移而作出改变。即使感觉不错，你也要好好调整自己的计划，以期获得更大的发展。

哈佛时间管理小秘诀

当你树立了合理的高难度目标，可以告诉其他人，与那些支持你的人分享你的目标。在与他人分享你的目标的过程中，你会得到以下的益处：

（1）与别人分享你的目标，就需要你不断地用言语去阐述想法，这有助于你深化对目标的了解和认知。

（2）与别人分享你的目标后，你会产生“言出必行”的责任感，激励你去完成目标。那些支持你的人无形中就起到了监督的作用，他们会时不时地询问你目标实现的情况。那样，你就会为完成自己的目标而更加努力地工作。

与他人分享目标是件很美妙的事情，但是你需要十分谨慎地选择好你要与之分享的对象。那些不习惯设定目标的人或是那些没有目标的人可能会对你的决定嗤之以鼻，也可能会质疑你的能力，这可能会伤到你的自尊或者信心。因此，你需要选择那些能够相信、理解、支持，至少不会嘲笑你、阻挠你的人，与他们分享你的目标，他们会成为你在前进路上的有力支撑。

7.“重要”与“紧急”中的优先原则

有效的管理者知道，如果要管理自己的时间，首先应该了解自己的时间实际上耗用在什么地方。

——彼得·德鲁克

伯利恒钢铁公司如今是美国的一家大型钢铁公司。但其实，在有一段时间里，公司的经营状况并不乐观。公司总裁舒瓦普就向效率专家艾维·利寻求帮助，艾维·利认为伯利恒钢铁公司需要的不是更加出色的人才，而是更好地实施任务。

这位专家告诉总裁，他有个能提升公司业绩至少一半的方法，只要总裁能够按照他的要求做。总裁答应了他。随后专家拿出一张白纸，让总裁把明日必须要做的六件事写在纸上，并用数字为它们的重要性排序。总裁把任务都列出后，专家接着说："明天早上，你从第一件事情开始做，没做完的时候，不要想着后面的事情。之后再一件一件地往下做，直到下班。如果没做完六件事也没有关系。"

总裁并没有完全理解这样做的意义，但还是决定尝试一下。这时，专家又告诉他："当你实验之后，相信了这个方法，你就可以把它推广给你的员工们了。"

不久之后，这位效率专家收到了总裁的来信，里面有一张支票和一封对他的感谢信。又过了五年，那个当初生意惨淡的钢铁公司已经成为世界上有名的钢铁巨头。有人认为，正是当时那位专家提出的办法，在一定程度上帮助了他们。

许多人做事情都不按照重要性顺序，他们只是愿意做让他们觉得愉快或者方便的事情。事实上，没有什么比按照重要性顺序办事更能有效利用时间和提升效率了。劳拉·万德坎姆在 TED 演讲《如何掌控你的自由时间？》中提到：时间是一种选择，就算我们很忙，我们仍然有时间去做重要的事。当我们关注在重要的事上时，我们可以用所拥有的时间去创造我们想要的生活。所以时间管理的关键，就是对待最重要的事情应该像对待首要时间一样。

如果你想有所成就，不如抽个时间好好地问问自己，现在什么对你是最重要、最紧迫的，什么又是你可以以后再完成的。然后立即采取行动，把那个最重要的事情先去完成了。这也就是说我们可以根据事情的重要性来确定先后顺序，而以紧急性作为次要但是也是重要的考虑因素。

这就需要你拿出你的待办工作表，可以，从"这件工作是不是清楚地有助于达到我一生的目标或者短期目标”这个问题，来检查某一项工作。如果是，就在前面打一个记号，然后按照你要去做的先后顺序标上数字，标明先后顺序的时候要考虑两个因素：紧急性和时间效益率。例如，假如你现在病了，那好，你现在最重要的事就是去医院，而不是拼命地工作，否则只会让你得不偿失。又如，你很想去逛街买衣服，但是又有领导交代的任务在身，那么毫无疑问，你必须先把领导交给你的任务完成了，然后才可以腾出时间去逛街买衣服。因为任务是重要而紧急的，买衣服虽然紧急但不是最重要的。

时间效益率只是一种评估方式，使我们认识到某一项工作虽然没有另外一项工作重要，也没有紧急性，但是做好这项工作能让我们获得很大的收益，所花费的时间也不多，此时，我们便应先把它做好。比如，你今天最重要的工作就是拟定一份报告，而这份报告需要花费几个小时的时间才能完成。但是你还有一些可以分给别人去做的小事，那么，在你拟定这份报告之前，用几分钟的时间把这些小事分派出去，你就会有更多的时间去做相对而言更重要的报告。这显然是很有道理的。

在你把标有记号的工作项目编了次序以后，也同样可以把不重要的事情编上先后顺序，然后就努力按照次序去做。这样，你工作的效率就会更高了。

哈佛时间管理小秘诀

我们每个人每天要做的事情，按照轻重缓急的程度，可以分为以下四个层次：重要而且紧迫的事情、重要但不紧迫的事情、紧迫但不重要的事情、既不紧迫也不重要的事情。

（1）重要而且紧迫的事情

这些事情是对你来说最要紧的，是需要你最优先关注的事项。它可能是你工作学习的转折点，也可能是与你的健康息息相关的事，它们比其他任何问题都需要你的及时处理。只有先处理好这些事情，你才能继续接下来的工作。

（2）重要但不紧迫的事情

这些事情虽然重要，但又没那么紧急，因此，就需要你更多地调动自己的主动性和积极性来面对。从一个人对这种事情的应对方式，或许就可以看出他的掌握目标进程的能力和水平。

（3）紧迫但不重要的事情

这种事情在我们的生活中十分常见。比如，你本想好好睡觉，你的朋友却突然打电话叫你去喝酒，而你又没有找到理由拒绝他。第二天，你头昏脑涨，整天没有精神，本来想去图书馆看书的计划也被迫取消。你被别人的事情牵着走了，而你认为重要的事情却没有做，所以这类事情处理不好就可能会让你很被动。

（4）既不紧迫也不重要的事情

我们的生活中出现最多的就是这一类的事情，它或许能给我们的生活带来一些价值，但如果过于沉浸在这些事情上，就可能会浪费我们宝贵的时间。

在实际的生活中，我们可以按照上面列出来的事情的四个层次来处理每天的事情，这样，我们的时间就可以被充分利用起来，我们的工作效率也就提高了。

8. 适时对目标进行修正

进步，意味着目标不断前移，阶段不断更新，它的视野总是不断变化的。

——雨果

查尔斯·古德伊尔是一名19世纪的商人，那时的橡胶虽然有很多优异性能，但是由于遇热发粘、遇冷发硬，在现实生活中未能得到真正广泛的应用。古德伊尔很早就想要找到改进的方法，推动橡胶的大规模使用，这也成为他人生中的一大目标。

19世纪30年代，查尔斯·古德伊尔到纽约，经营着曼哈顿的一家小商店。小商店里有很多橡胶制品，如雨衣、雨鞋等。人们提醒查尔斯·古德伊尔，橡胶行业没有太大的发展，不要太拘泥于这些产品。不过查尔斯·古德伊尔却不那么看，他一心想着改进橡胶的特性，让橡胶制品得到更广泛的运用。为此，他还把家里的厨房改造成实验室，不断地进行调研和实验尝试。

经过十几年的反复实验，终于在1839年的一天，他偶然发现把橡胶和硫黄粉的混合物喷撒在炉子上就能够得到一种颜色更深、更有韧性的橡胶。之后，又经过多次尝试，发现了这是一条可行的途径。最终，查尔斯·古德伊尔改进了橡胶的特性，使橡胶转化为遇热不粘、遇冷不硬的高弹性材料，这种橡胶也被称为“硫化橡胶”。正是查尔斯·古德伊尔的坚持，成功打开了橡胶和弹性高分子材料在现实生活中大规模开发和使用的大门。

你能清楚地说出自己的目标吗？你觉得你的目标需要修正吗？哈佛大学时间管理项目的研究人员认为，不变的计划比没有计划更糟糕。这句话包括两个含义：首先，制定目标的过程固然重要，但你必须明白的是，你的工作目标永远都不能完全提前计划出来；其次，我们必须具备调适能力，以期能够随时修正、调整自己的计划。所以我们在做事情的时候要根据外部环境的变化，及时修正和调整自己的计划，合理地调整目标，放弃自己的固执。

外部的环境常常发生变化，我们要顺利地实现自己的目标，就必须随时地检查自己的选择是否有偏差，这样我们才能牢牢地把握住自己的目的，忙于要事。你要允许自己在执行计划的过程中有突然的事情发生，而且你还应该把它看成是突如其来的幸运。用一位哈佛教授的话说：工作效率高的人，总是准备好了迎接幸运。

在制定目标的过程中，我们必须要保持一定的灵活性，以便在执行过程中可以不断地进行修正与调整。你会发现，如果你制定的目标更加灵活，你会觉得更加放松，这不仅不会影响到你的工作效率，反而还会提高你的工作效率。相信你会按时完成任务，达到目标。

哈佛时间管理小秘诀

当你发现自己必须要修正目标时，不妨遵循下面的步骤来进行：

（1）修正计划，而不是修正目标。哈佛管理学认为，目标是不应该随意更改的，但是计划要在实践的过程中根据实际情况不断调整。我们没有必要因为在路途中遇到一些问题就着急地更改目标，只需要调整方向和计划，继续不断努力就好了。

（2）修正完成日期。如果修正计划并不那么有效的时候，我们可以思考是否需要修正完成目标的时间。因为在制定最初的目标时，总是会有思考不周全的地方，随着进一步的实践，也会发现许多需要调整的地方。

（3）修正目标的数量。如果在修改计划和完成日期后，发现依旧与实现目标差距过大，那么我们就需要修正目标的量了。但这是需要谨慎思考后才能作出的决定，不要轻易地用你的梦想去向现实妥协，而是应该付出加倍的努力去寻找完成目标的新方法，让你的目标可以继续进行下去。

（4）坦然面对需要放弃目标的情况。对于正在追求成功的人来说，放弃眼前的目标必然是痛苦的。但当我们尝试了能做到的所有方法后，有些目标依然不能成功，这对于当下的我们就是一个不合理的目标。我们只好接受这一次的失败，不要一味地沉浸在过去，调整好自己的心态，重新制定新的目标并再次出发。

（5）重新面对新计划。在我们不得不重新开始后，谨记“失败是成功之母”，更加从容地面对问题，大胆地前进吧。

9. 分步实现你的目标

成功就等于目标，其他的一切都是这句话的注解。

——伯恩·崔西

有一个年轻人叫艾伦，他的梦想是成为一名出色的音乐人。但那时，刚刚成年不久的他进入了一所不错的大学进修，甚至还在一所科学实验室里工作，除了每天繁重的学习和工作之外，他几乎只能剩下很短的睡觉时间。可就是这样，一有机会，他还是会搞起他心爱的音乐创作。

他想要完成属于自己的歌曲，但写歌词不是他的强项，于是他找到了一个善于作词的女生一起合作。这个女生叫安娜，她了解到艾伦的梦想后，便决定帮助他完成这个梦想。

首先，她询问艾伦："你希望五年后的自己是什么样子的？"

艾伦思考了一会儿说："我希望那时的自己已经有了一张受专业人士和普通听众欢迎的唱片在市场上。而且，我希望自己的工作生活与世界上那些有名的音乐人在一起，那一定是个非常美好的地方。"

安娜再次问他："这真的是你想要的吗？"

这次，艾伦思考得更久了一点，但还是作出了肯定的回答。

得到了肯定的回答之后，安娜继续说："我们把你的五年计划倒过来想一下，如果你希望第五年的时候已经卖出了很棒的唱片，那么至少在第四年的时候，就已经跟一个不错的唱片公司签订合约了。

"第三年的时候，你应该已经有几首自己原创歌曲的样片，可以拿给你心仪的唱片公司试听了。

"第二年的时候，你应该手里有了一些可以开始录音的不错的作品了。

"那么第一年的时候，你就应该把你可以录音的那些作品全部编曲完毕，然后开始练习这些曲目了。

"接下来时间就更紧张了。从现在开始的六个月内，你就需要把你手里没完成的曲子都完成好，然后开始筛选打磨它们。

"在目前这个月，你就需要把你手头的曲子都修改完。

"下周前，我们就需要把你的曲子摸摸底，看看每个曲子的完成度是怎么样的，以及你对这些作品的满意程度。我们就可以知道从哪个曲子先下手了。"

"现在你是不是已经知道自己要做什么了？"安娜对艾伦说。

安娜给出的计划让艾伦收获良多。他辞掉了目前的工作，随后又搬到了大都市中。但计划也不是完全能完美地实施，到第六至第七年的时候，艾伦终于成为一个广受欢迎的音乐人，实现了自己的梦想。

哈佛时间管理理念认为，做任何事情都要有一个合理的计划，这样才能够顺利地达到目标。一个人要实现人生和工作的目标，不可能是一蹴而就的。目标的实现是一个不断积累的过程。而一个个量化的具体目标，就是成功路上的里程碑、停靠站。每一个“站点”都是一次成功，一次安慰，一次鼓励。如果我们不能一下子达成自己的目标，就应当将长期的目标分解成一个个可以达到的短期目标，并最终顺利地实现自己的目标。

制定的目标必须是具体的目标，可实现性是最重要的。虚无缥缈的目标是没有意义的，因为这样的目标你不知道应如何完成，这会极大地降低你的主动性。因为不断向前迈进是人们持续努力的动力源泉，如果没有正在向前的感觉，人就会产生懈怠的情绪，甚至会想要放弃。

目标需要一步一步地完成，实现每一个短期目标是走向成功的必然。按哈佛时间管理理念，“化目标为成功”分两个主要步骤：

（1）将目标数字具体化

你应该知道，如果你只是笼统地说：“我需要很多钱”，那是没有用的。你必须确定你追求成功的具体标准。比如，你想要赚多少钱，做什么工作，取得什么样的成就。

（2）把目标各个击破

一旦写下具体的目标，下面要做的就简单多了：你所要做的就是把这些目标逐个完成。

如果你制定的目标是 5 年内完成的，那就把这个目标分成 5 个具体的目标，每年完成一个。如果你这样做了，就应该清楚从现在到明年的此刻你必须完成的工作了。

然后再把每个具体的目标分成12份。这样，你就有了每个月的目标。如果要落实5年的目标，你现在应该清楚地了解到你每个月该做什么事情了。

现在你再把每个月的目标分成4份，那么，你就清楚下周你该做什么事情了。只有这样，你才不会浪费时间，也知道下周该做什么事情。

你还可以把目标更具体化，把每周所要做的工作分成5份或者7份。用哪个数字划分，就取决于你打算每周花几天的时间去完成这项工作。如果你觉得5天可以完成，那就分成5份；如果觉得7天完成更容易一些，那就分成7份。

当你从头到尾采取这种程序后，你就会每天早晨胸有成竹、坚定不移地奔向目标，日复一日，年复一年，直至达成自己的目标。

哈佛时间管理小秘诀

成功的人制定了目标，就会把目标变成结果。而要把目标变为结果，需要抓好以下三个字：

（1）准。制订可能达成目标的计划，确保计划和目标之间存在必然的因果关系。也就是说，只要完成计划中的工作，就一定可以达成目标。

（2）精。把明确能够达成目标的几种可能的计划列出来，选出其中既能达成目标、保险系数最大、工作量又最小、操作难度最低的计划，把计划中要做的工作仔细精简。

（3）快。把要做的工作明确，统筹做每件事情的时间，保证在最快的时间内达成目标。

做好上面的三个字，我们的目标才会最终化成结果。

10. 让帕累托分析法帮你进行时间管理

时间是最为宝贵的资源，如果我们不能管理时间，便什么都不能管理。

——彼得·德鲁克

查理在上大学的时候，他的学姐告诉过他这样一个读书法则：“如果这本书对你来说不够有趣，那你就没有必要从头到尾读完它。你在读书的时候，只要把它的中心思想和价值学会就好了，这比你是否通读了一本书更有意义。”

他的学姐想要告诉他的其实是：一本书的主要价值，体现在其中的部分内容里。因此,只要找到这本书最重要的地方,并且读完,就可以了。

这种“八与二”的关系，让查理受益匪浅，并在此后的学习中一直使用着这个方法。这也是为什么会找重点的学生，往往能取得更好的成绩；而那些这里知道一点、那里知道一点，知识零散的学生却不能取得很好成绩的原因。了解到这个方法后，他感觉自己学习的压力减轻了不少，并且提高了学习成绩。

毕业后的查理来到了一家很好的燃气公司工作,但是他很快意识到，初入社会的他并不适合这里，他应该选择一份咨询相关的工作。因此，他跳槽到了一家咨询公司。在咨询行业中，他发现了更多运用类似方法的事例，通过聚焦重点、关注效率，解决了很多的问题。

帕累托分析法又叫二八法则、帕累托法则，是由 19 世纪末 20 世纪初意大利经济学家帕累托发明的。他认为，在任何一组东西中，最重要的只占 20%，其余 80%的尽管是多数，却是次要的。

哈佛大学商学院的教授把帕累托法则应用到时间管理的原则里。该法则对于处理行动要点的日清单比较有用：大多数得益仅与两三个项目有关，挑选这些关键项目并且分配大量的固定时间来完成它们。

帕累托法则告诉我们，你真正有效的工作有 80% 是在一天中 20% 的时间内做完的。因此，你可以思考一天中的哪一段时间是你的高效时间，找出来，充分利用这段时间，完成你的工作。

自律是成功人士的秘诀，他们能够将有限的精力集中起来处理最优先最紧急的事情，他们很少浪费自己的时间，这让他们取得比别人更多的成绩。想要成为一名成功人士，清楚掌握并利用好帕累托法则尤为重要。在工作生活中按照这一法则，需要将待处理的事情按照优先等级排列，然后去完成它。此外，你还可以制作一份清单，将你的人生目标、工作计划等明确列出，看看哪些事情你花费了少量时间而取得了丰厚的成果。

在客户管理的工作中，我们也可以运用到帕累托法则。对于一个平日要沟通众多客户的公司员工来说，这一法则已经成为他成功的关键。这位员工在分析自己的客户群体后发现，自己 80% 的业绩增长和为公司带来的盈利，实际上是由客户群体中的 20% 所提供的。因此，他以这一部分的客户为核心目标，更加周全地为他们服务，并为自己和公司更长久地留下了这些客户。

当然，作为公司员工为公司开发新客户并留住他们也是非常重要的，但稳定地保留住老客户依旧是公司发展和个人事业的核心。因此，将精力专注于 20% 的核心客户，远比应对所有的客户要高效方便得多。

针对这 20% 的核心客户，你需要竭尽所能地了解对方的一切情况。如果你的客户是个体，那么你需要了解姓名、年龄、住址、学历、生活水平、业余爱好、身体情况、交友情况等。如果你的客户是群体或公司，除去对接人员的个人信息外，还需要了解对方群体中具有决策权的人的个人信息，群体中的采购部门是哪个等。

对客户的信息了解得越准确，越有助于你分析判断对方的价值，这可以避免你将大量的时间花费在没有意义的交流上。

此外，根据你所了解的客户信息和客户给你带来的商业价值，可以把客户群体分为不同等级，以便用不同的方式应对。

哈佛时间管理小秘诀

把时间管理记事本带在身边一周左右，记录下那些能够使你产生极大满足的行为，不管它们是直接还是间接作用于你的幸福感。

你的记录可能包括以下内容：

（1）和你的另一半进行交流，无论是投入的、富有成效的对话还是漫无目的的闲聊；

（2）带着孩子到公园游玩，与他们一起做游戏；

（3）阅读主流小说，不管是悬疑小说还是婚恋小说，抑或职场小说，或者阅读那些经典文学作品；

（4）进行体育运动——跑步、打篮球、踢足球等；

（5）沉浸于一种喜悦状态，比如说遇到了多年未见的好朋友、工资增加了等；

（6）到某个名胜去旅游，陶冶情操。

现在看看你的典型日程表，或者回顾一下这周做过的有价值的事情，看看哪些是浪费时间却没有给你带来满足感的内容。这些内容可能包括：

（1）做家务；

（2）购买食品；

（3）去银行缴纳水电费；

（4）参加每周的员工例会。

现在我们可以利用帕累托法则调整你的生活，管理你的时间，也就是利用帕累托法则多做有意义的事情。

和伴侣交谈及带领孩子去公园游玩；把一本好书带在身边，在空闲的时候阅读它；现在就开始努力工作，把主要精力放在最主要的工作上，为提高自身价值、增加自己收入而努力工作，争取赚取更多的金钱、获得更多的旅游时间。

对于你来说，充分利用时间的方式就意味着：增强你经济上的安全感；有助于扩展你的自身价值；帮助你在事业上前进，增进身体健康。而正确地运用帕累托法则就是最充分地利用时间的有效方式。

Lesson 3

制定自我时间管理表

哈佛大学毕业的那些杰出人士对时间管理的重要性有着高度的认同：时间管理的重要性与战略、创新等表面看上去更加炫目的管理议题相等，在某些情况下，甚至比它们更为重要。我们处于一个充满竞争的社会，不管是管理者、普通员工还是专业人士，很多人都忙忙碌碌。不过，这种忙碌并没有让大家都走向成功，相反，不少人忙忙碌碌而不知所终，效率也很低下。应该说，很多时候，大家都是需要更好地进行自我时间管理的。

自我测试：你的时间管理足够优秀吗？

1. 你做事时经常会被别人（别的事）干扰或打断吗？

A. 对，常常有人过来找我帮忙

B. 只有他们实在没有办法的时候才来找我

C. 不，我曾明令禁止过

2. 你经常会做一些临时应急的事吗？

A. 对，这些事只有我能做

B. 这样的情况并不多

C. 不，我每次都坚持先做完手头的工作

3. 同样的工作你完成得比别人慢吗？

A. 是的，我总是做得比别人慢

B. 只有我不熟悉的工作才会这样

C. 不，我每次都比别人快一拍

4. 你是否会将困难、烦人的工作拖到最后完成？

A. 不，我喜欢先解决困难的工作

B. 这样的情况不是很多

C. 当然，这样我才有足够的时间处理别的事情

5. 你在做事的过程中，经常会冒出一些意外吗？

A. 是的，好像总有想不到的事情发生

B. 这样的情况不多

C. 不，我事前都会想到这些事

6. 你邀请别人帮你完成事情的某一个环节吗？

A. 不，我觉得自己做比较放心

B. 这样的情况很少

C. 当然，有些事不必我亲自来做

7. 你是不是常常因为找不到某个文件而急得满头大汗？

A. 对，每次都这样

B. 这样的情况不是很多

C. 不，我所有的文件都有分类

8. 你喜欢同时做几件事吗？

A. 不，那样常常弄得我手忙脚乱

B. 只有在事情特别紧急的时候才会这么做

C. 当然，这样最节省时间

9. 你有没有珍视零碎时间的意识？

A. 没有，我根本没有意识到

B. 有时候会有意识

C. 当然，零碎时间积攒起来能做很多事

10. 你接到一个新的工作任务，一般会怎么安排？

A. 马上动手做

B. 先放一放，忙完手头的工作再说

C. 先想想怎么做最有效率，然后才动手

11. 你把工作中的压力、火气带给家人了吗？

A. 不，我不能让家人帮我承担压力

B. 这样的情况很少

C. 对，我控制不住自己的情绪

12. 你喜欢看电视吗？

A. 当然，没有电视我都不知道该怎么过

B. 有感兴趣的节目会看一看

C. 不，看电视太浪费时间

13. 别人休假的时候你也在工作吗？

A. 不，我喜欢度假

B. 这样的情况很少

C. 对，我每年的假期寥寥可数

14. 你每天花在等待上的时间有多长？

A. 挺长的，我总是在等待

B. 一般吧，需要我等的情况不是很多

C. 不，我从不花时间等待

15. 你经常把工作带回家做吗？

A. 是的，不然工作就做不完

B. 这样的情况很少

C. 不，我从来不这样做

16. 下班时间已到，你还剩一大堆当日工作吗？

A. 是的，工作好像永远都做不完

B. 任务繁重的时候才这样

C. 不，我总能很好地分配工作

17. 你有上网冲浪或聊天的习惯吗？

A. 当然，这是我的嗜好

B. 周末的时候会这么做

C. 没有，我觉得这都是小孩的爱好

18. 你在休闲时，心里也惦记着未完成的工作吗？

A. 不，我把工作和生活分得很清楚

B. 有时候是这样

C. 是的，我总希望把工作做到完美

19. 你喜不喜欢跟人聚在一起闲聊？

A. 当然，我觉得这样非常快乐

B. 这样的情况不是很多

C. 不，我不喜欢这么做

20. 你认为未按时完成工作是有合理理由的吗？

A. 当然，每次都不是我的错

B. 有时候是这样

C. 不，我从不为自己找借口

评分方式：选 A，0 分；选 B，2 分；选 C，4 分。

答案分析（仅供参考）：

如果你的得分在 28 分以下：

你几乎没有什么时间概念，大部分日子过得随心所欲。你的进取心不强，跟社会上大多数人一样，你希望能过平稳而安逸的日子。你不会想花费心力去做一番大事业，平静而舒适的生活正是你所追求的。你不能理解为什么那么多人总是忙忙碌碌，在你看来，过日子知足最重要。时间对你来说并不特别，因为你没想过向它要效益或财富。这样的观念固然很好，不过在节奏越来越快的今天，如果你还抱有如此想法，恐怕就会被社会淘汰了。

如果你的得分在 28—52 分：

你对于时间有一定的管理，但还不够。你能够较好地处理生活中突然出现的一些棘手的事情，但和身边的精英相比，你欠缺的东西还有很多。你希望更好地利用时间，从中挖掘更多的财富和效益，但你不知道该怎么入手。多学习一下身边优秀人士的做法，再寻找相关书籍的指导，身体力行地去做，相信不久以后，你会取得意想不到的成绩。

如果你的得分在 52 分以上：

你对时间的认识非常透彻。同样的时间，你总能做出比别人更大的成绩。在快节奏的社会里，你是领军式的人物。但正是因为对于工作的热忱和对于时间的高效管理，你的生活较之普通人物会少了一份温情与惬意。优秀的你也应该分出一部分时间给家人和朋友，再留一份时间让自己好好地休息。

1. 有助你进行时间管理的工具

凡是想获得优异成果的人，都应该异常谨慎地珍惜和支配自己的时间。

——克鲁普斯卡娅

杰森是洛杉矶一家商贸公司的经理，平时比较忙碌，总是觉得自己的时间不够用，工作起来没有顺序，搞得一团糟。他觉得自己没有合理地分配时间，没有很好地利用时间，于是决定找个机会参加相关的培训。

自从3周前参加的那次有关时间管理的研讨班开始，他找到了一个时间管理的工具：每天比原先早起15分钟来制定当天的时间管理表。在列出所有能做到的事情之后，杰森把它们按照优先顺序标上了等级：A+表示十万火急的事情，A表示重要的事情，B表示有用但是可以暂时不做的事情，C表示值得去做但不是很重要的事情。不过，他与别人制定的日程表不同，他的日程表上只有十万火急的事情和重要的事情，而没有B或者C。

在这3周里，他从来没有完成过日程表上列出的项目。这让他有些沮丧，他开始抱怨甚至因此而失眠，同时更易被挫折感激怒。他觉得时间管理工具对他没有任何作用，便准备放弃它：没有时间管理工具，至少不用列那些根本无法完成的事情。

生活中有很多像杰森这样的人，他们整天忙忙碌碌，总觉得自己的时间不够用，却没有真正利用好时间管理工具来进行时间管理，更没有好好地分析每天该做什么事情，不该做什么事情，什么事情比较重要比较紧急，什么事情不紧急。

制定时间管理表需要有相应的工具。可以使用的时间表制定工具有很多，这些工具就像是你走进一家商店里，里面有琳琅满目的各种各样的商品可供选择一样：它们都承诺可以让你的人生变得更加有序，能让你有更高的工作效率。

很多公司和机构都有按照日期排列的软件工具，如 Microsoft Outlook 软件。它可以保存在你的电脑里，而且在公司电脑联网的情况下，你还可以看到公司同事的日程安排。联网制订计划表可以让公司的员工更容易找到大家开会的最佳时间，一起协商工作。Microsoft Outlook 软件自身还包括了相应版本的任务清单。像这类的时间管理工具能让人的工作变得有效率，甚至可以省去一些全职的工作岗位。富兰克林柯维是一家提供管理培训的公司，该公司也研究出了一些时间管理的工具，可以将时间表制定方法与 Microsoft Outlook 软件融为一体，从而帮助知识工作者专注于他们的重要事情，并且帮助团队取得更高的工作效率。

在有很多时间管理工具，如印象笔记、番茄土豆、Ganteng Timesheet、Worktile、TimeBox 等，它们都是具有相应实用功能的时间管理工具，能够帮助你更好地工作和生活，提高工作效率，获取更大的成就。

当然，无论你从事什么样的工作，在什么公司工作，都要选择适合自己的时间表制定工具，因为做计划是自己的事情。同时，你需要对自己须完成的工作有一定的把握，切合实际去制订每天的计划。在此过程中，如果感觉某个时间管理工具不适合你，你可以去尝试其他适合自己的工具。

哈佛时间管理小秘诀

制作时间表有许多值得注意的问题，也需要相应的技巧和方法：

（1）时间表里不要放太多事情。你要对自己的期望和时间有个正确的认识，做一个能够真正完成的时间表，而不是想象中的时间表。这也就是说你不要让一些可有可无的繁杂小事塞满你的日程时间表。

（2）列出可能，而不是妄想。这是针对你制定时间表时的心境而言的，而不是时间表中的具体内容。你列出的应是你当天希望的也是需要完成的任务，而不是你漫天的想象。

（3）时间表要有灵活性。如果你想让时间表为你服务，它就必须具有灵活性。你必须能改变它、脱离它、操纵它。如果你能这样做，真的会对你有帮助。

（4）要使日程表中的任务有先后顺序。有条理的工作才能提高工作效率，完成更多重要的工作。

（5）把休息、闲逛和小小的奖励也列入日程表。大多数人会把“休息”列在时间表的最后，而那个时候可能已经太晚了。如果你不把休息列在时间表上，你就得不到休息。因此，需要把它列入时间表，但不是把它放在最后，而是安排在能给你带来最大好处的时间段，以便你能在变得过于紧张和疲惫之前休息。

2. 做好时间预算

时间比理性创造出更多的皈依者。

——潘恩

艾丽是一家公司的总裁秘书，公司的总部在洛杉矶。一直以来，她不停地抱怨自己的工作辛苦，薪水太少，时间不够用。她每天做的都是秘书的基本工作，但由于自己不能合理地规划时间，导致工作挤压，每日都很忙碌却效率不高，长期在这种状态下工作，自己也没有工作的成就感。同时，她还会碰到很多意外的情况，那些事情常常会让她感到疲惫不堪。

有时候，她在起床之后发现，她的电动车没有提前充好电，这让她新一天的工作又继续拖延了——而她本来准备提前到公司，处理完之前没有做完的工作。不仅如此，已经迟到的她，还接到了总裁的抱怨电话，称至今还没有收到她应该已寄出的资料。于是艾丽又开始着急地联络快递公司，要求他们尽快将文件送达。

作为总裁秘书，每天都有源源不断的新任务、必须参加的商业活动，或者各种突发情况，这些都占用了艾丽非常多的时间。她终日纠缠于这类事务中，没法找出时间来实践自己的人生目标。

她总是想抽个时间跟总裁好好谈谈，但是她觉得总裁事务繁忙，根本没有闲暇的时间跟她谈事情。这样一想，让她更加没有了与总裁谈心的勇气。

终于有一天，她鼓起勇气去和总裁进行了有效的交谈。交谈没有像艾丽想象中那样让她紧张，过程中也没有拘束感。他们谈了很久，艾丽终于找到了她常常在工作中感到混乱的原因：她每日的所有时间几乎都用来处理接打电话、收发邮件、接待客户、整理报表和办公用品这些日常事务。这些常规工作原本可以花费较短的时间完成，然而现实却是它们几乎占据了她所有的时间，让她没有时间来完成更多的工作。

知道了问题的所在，艾丽决定改变自己的工作方式，给自己订了一个计划，列了个时间表，做好时间预算，按照制定好的时间表去推进每日的工作。这样，她也不会在繁多的工作中手忙脚乱，还把原本的工作做得更加出色，得到了总裁的信赖和认可。

像艾丽这样的情况，大部分的人都会遇到：许多人都会觉得自己经常被琐事缠身，无法抽出时间做更重要的事情。

哈佛时间管理观念认为，虽然你认为自己忙碌到没有时间对每日进行规划。但实际上，提前做好时间规划能在很大程度上帮助你获得更多的时间。

一般来说，做时间规划的最佳时期是早上起床之后，或者晚上睡觉之前。因为，刚刚起床的人，头脑处于比较清醒的状态，这个时候开始规划当天的工作，可以帮助你把一天安排得高效有序。提前做好规划，也可以让你按部就班地推进自己的工作，即使遇到突发事件，也不会轻易被打断思路。

当然，晚上休息前做第二天的计划也有不一样的效果。因为，在一天的工作之后，大脑从紧张的活动中放松下来，非常适合为第二天的工作做一个计划。而且，在工作之后思考这个事情，你就不会在计划的时候犹豫到底要先做哪一个了。晚上作出计划，你会在第二天的工作开始前有更多的时间为计划思考，这样当你第二天开始工作的时候，工作会更为得心应手。将早晚两个时间进行对比，我们发现这两个时间段进行规划各具优势。因此，我们建议你不妨在这两个时间段都进行规划，然后选择出最适合自己的。

每天找出一点时间对一整天的工作生活进行时间规划，可以极大地提升这一日的效率，显然是非常划算的。有计划的生活可以给我们的生活带来很多正面的反馈：你在重要的事情上投入的时间变多了，应付琐事而浪费的时间就会减少，你会感觉到每日的生活更加从容。因此，规划时间对于一个人集中精力做事情，是很有帮助的。

哈佛时间管理小秘诀

时间预算作为一种测定人们的社会活动与社会过程的工具和尺度，其内容包括：

（1）何人（或社会群体）从事何种活动（如吃饭、睡觉、工作、娱乐等）；

（2）何时从事该项活动；

（3）从事该项活动时间的长短；

（4）在一定时间周期内（如一天、一周、一个月）从事该项活动的频率和用于不同目的的时间分配；

（5）从事该项活动的时间顺序；

（6）在何处与何人从事该项活动。

时间预算首先要通过定量分析来揭示在一定时间总量中所从事的活动种类及各种活动的连贯性、协同性、普遍性和周期性。通过时间这一重要变量，全面认识一个人工作和生活的各种方式，确立个人生活各个时期从事活动的最优选择，分析一个人工作的周期，从而依据时间的选择和安排顺序的资料，改进时间的利用方式，合理地组织工作和安排生活。

3．制定日常的时间管理标准

合理安排时间，就等于节约时间。

——培根

爱迪生是世界闻名的大科学家，他的发明至今影响着人们的生活。他一生做过的实验无数，一次他和助手一同进行实验，过程中他把一个需要使用的梨形的空玻璃灯泡交给助手，要求他计算这个灯泡的容量，以便在接下来的实验中使用。把任务交给助手后，爱迪生再次专心致志地做起实验来。

一会儿，爱迪生向助手询问灯泡的数据，却没有得到助手的回应。爱迪生放下手头的工作，寻找助手，发现他正在用各种方式，尝试计算出这个不规则灯泡的容量，但这么久过去，助手还是束手无策。

爱迪生看到助手这个样子后，责问他："你怎么能这样浪费时间呢？"爱迪生过去拿起那个空灯泡，往里面注满清水，对他说："把水倒进量杯里，然后告诉我数值。"助手很轻易地就得到了结果。

爱迪生又说："这么简单直接的办法，你为什么就想不到呢？时间那么宝贵，要在有限的时间里，做更多的事情啊！"未能想出办法的助手，为此羞得面红耳赤。

爱迪生能够取得如此辉煌的成就不单单是因为他天资聪慧，还在于他懂得时间管理、时间规划，有自己的时间管理标准，懂得巧妙地从繁忙的工作中节约时间，用有限的时间做无限的事情。

哈佛时间管理理念认为，一个人如果不懂得如何管理时间，只会浪费它，那么到头来你会一无所获。生活中的每一个人都要懂得如何管理时间、建立时间管理的标准，懂得积累时间，在管理时间和积累时间的过程中慢慢实现自己的人生目标。

很多人在工作的过程中都存在着这样的问题，他们没有明确的目标，没有很强的执行力，没有沟通的习惯。他们常常坐在电脑旁，低头忙碌着，这样看似很累，工作效率却没有提高。

事实上，要想成为一个优秀人士，需要制定合理的时间管理标准，制定符合自己实际需要的时间表，对自己的时间进行合理的规划。那在日常工作中，什么样的时间管理标准是合理的？

首先，要有一个明确的目标。没有目标的时间，就会漫无目的地从你身边溜走。这样的损失是无法计算的。

其次，要有明确的流程。在工作中，最好有明确的方法和流程，如果没有，至少也应该有一个定期的检查。如果我们一时无法建立起系统的流程管理，起码要做到中期检查，这样就可以及时发现问题、解决问题。

再次，尽量避免无效的工作。所谓无效的工作，大致可以分为绝对无效工作和相对无效工作两类。绝对无效工作就是说这类工作根本没有什么意义。对于这类工作，在制定时间表的时候就应该及时剔除。具体做法如下：

（1）精简各项工作任务，可做可不做的工作坚决不做；

（2）实现单一管理，同一类的事情交给同一个人去做，并建立考核机制；

（3）能合并的工作合并起来完成，尽量集中起来做，并且建立监督机制。

相对无效工作，是指完成这类工作的时间不对，在工作中出现了时间应用偏差。解决这类问题在于排序，你要学会统筹方法，建立最恰当合理的时间表。

最后，注意人际沟通。有时候，有些工作需要大家配合才能够顺利地完成。因此，注意沟通也是进行良好时间管理不可忽视的因素。

哈佛时间管理小秘诀

在你确立一个有效的计划之前，应尽力制定一个时间管理标准来检查你完成这个计划花费了多少时间。如果有必要，可以使用时间研究方法，将它们分解为可衡量的部分，然后指定一个实际标准——你认为这个工作应该花费的时间。这种方法会有以下的特点和作用：

（1）突出显示任何一项看上去消耗一段不成比例的时间的日常活动。如果这个活动是你现在正在做的和别人正在为你做的，你应该考虑部分授权或者全部授权。

（2）重新计划你的工作。因为来自时间管理标准的任何主要的偏差，都将会对时间管理行为提出要求。

通过制定合理的时间管理标准，你便能依靠这种思想来驱散日常的机械、麻木和呆板的影响，让自己的工作和生活处于正确的轨道上。

4. 建立自我时间管理清单

节流的最好方法，就是善于利用时间，它直接影响我们实际的费用与利润。

——李奥·贝纳

2010 年的 8 月，某杂志的一名记者获准在白宫里待了一整天。在对时任美国总统奥巴马的日常工作进行了解之后，他发现，总统是一个高标准的工作职位，工作量不小，而且事务也很杂。如果没有恰当的时间管理清单的话，很难想象总统的生活会是怎样的。

这位记者发现，奥巴马习惯于早起，起床后会先健身一阵子，然后与家人吃早餐，并看一看早上的新闻。早餐之后，他会阅读每日的简报，并在 9 点半之前进入白宫办公室，开始一天的工作。

每天的早 9 点半一直到下午 4 点半，是奥巴马的主要工作时间，在这段时间内，他需要参加主题繁多的会议，以从中了解政治、经济、军事、外交等方方面面的情报和消息。这些会议的时间安排是由专业人士提前进行合理规划的。

下午 6 点或 6 点半时，奥巴马一天的工作正式结束。

之后，他会与妻子和女儿们共进晚餐。这是他相对放松的时间。

到晚上 8 点半之后，奥巴马又投入工作中，处理相关的事务，一直到深夜。

管理时间的秘诀是永远都做那些最具有生产力的事情。想要消除时间杀手，你一定要对自己的工作重点进行清理。将所有的工作重点找出来之后，再进行具体的抉择。当然，在更多时候，自己才是真正的时间杀手，唯有设法约束自己，才能令时间管理更顺利地进行。

“帕金森定律”是一条常被用于时间管理上的定律，这一定律表示，只要还有剩余时间，人的工作时间就会持续扩展，直到用完所有的时间。假如一个人知道自己有一个月的时间去完成某项工作的话，他便会在不知不觉间放慢自己的工作速度，转而将整个月的时间都用在此项任务上。但如果有人告诉他，这项工作必须要在一周内完成，他便会对自己的工作状态与工作速度进行调整，以此来保证自己可以在一个星期中完美地完成任务。这便是建立自我时间管理清单的重要性，它会让你在特定的时间内去做特定的事情，并会让你了解到自己在这一时间段内所能达到的最佳做事效果。

时间总清单的制定

你首先要将自己一年内需要完成的每一件事情与目标都列出来，然后进行具体的目标切割：

（1）将年度目标具体切割成季度目标，并在清单中明确指出，每一季度应该做完哪些事情；

（2）将季度目标进一步细分为月目标，并在每个月的月初将其重新罗列一遍，以便在碰到有突发事件需要更改目标的情况时，可以及时地进行相应的调整；

（3）在每一个月的星期天，都将下星期自己需要完成的事情列出来；

（4）每天晚上将第二天需要做的事情列出来。

时间日清单的制定

在进行时间日清单的制定时，你需要格外注意以下几个方面：

（1）对每件事情所需要的时间进行估算

一份合理、可行度高的每日计划，并不仅仅是对于日程的罗列。更为重要的是，我们要根据每一项活动所需的大致时间，对日程进行进一步的规划。

刚开始制定日程表的人，对每件事情所需要的时间可能并没有一个很准确的概念。因此，我们应该从一些简单的时期开始规划，逐步地提高自己作计划的能力。另外，在做事情时，一定要注意时间限制的重要性，将整件事情的完成时间控制在一定范围内。

对于已经拟好的计划，一定要严格执行，遵守自己日期和进度。这样，你才能更有效地抵御外界的干扰，令自己在长期的实践过程中激发出更多的潜能。

（2）留出一定的弹性空间

没有人知道未来会发生什么，如果你将一天的日程安排得太满，一旦出现任何的突发事件，你便极有可能无法从容应对。所以，在制订计划时，要学着将未知的情况也纳入自己的计划中。

你可以尝试着用 50% 的时间应对明天已经确定下来的各类安排，再用剩下的 50% 应对突发性事件。

（3）果断地做出正确的取舍

想要让自己的日清单更有计划、更有意义，你便要学会在不同的任务间进行取舍，具体应按事情的轻重缓急来安排。如果在某段时间内你的工作异常忙碌，你只需要将最重要的事情找出来，并按时完成即可。

（4）对日清单的实施效果进行具体的检验

之所以制定时间清单，是为了让我们的生活更加简单，并期望以此来创造出更理想的生活秩序。因此，你需要对自己的每日计划进行具体的检验，确定自己当日完成了哪些计划，并将当日没有完成的计划，优先安排在次日的计划中。如此一来，你便可意识到拖延的坏处，并逐步将自己的拖拉习惯改掉。

哈佛时间管理小秘诀

也许在实践完以上建议后，你就会认为时间清单的制定与管理进行到这一步已经趋于完善了。但事实上，想要让自己的时间管理更精确，你还不仅需要找出那些未完成的任务，更需要对整个计划的制订与实施进行详细的分析，以便找出到底是什么让你无法顺利完成计划：

（1）你是否在一天之中为自己安排了过多的工作？

（2）你是否在某些事情上花费了过多的时间？

（3）你是否在一件无关紧要的事情上浪费了太多时间？

（4）你是否因为容易被他人干扰，而常常无法完成当日工作？

在找出原因之后，请你接下来进一步思考如何才能针对这一问题进行改进：

（1）制定的日清单是否不够完善？

（2）有哪些科学的工作方式可以提升工作效率？

（3）能否以更高的效率来完成某些具体的事务？

最后，你需要对自己这一整天的意义与价值进行审视：通过实践日清单，是否让你的工作效率大幅度提升？你是否向着自己的总清单与总目标又前进了一步？如果你的答案是否定的，接下来，你应该如何主动地针对这些问题进行弥补？

在实践自我时间管理清单时，你需要注意的是：唯有那些拥有毅力与耐心的人才会成为时间管理的大赢家，半途而废者是永远也品尝不到胜利和甜蜜的。

5．明确每日对待时间的态度

从不浪费时间的人，没有工夫抱怨时间不够。

——杰弗逊

获得哈佛大学荣誉学位的本杰明·富兰克林是一位科学家，他在电学、热学、光学等诸多方面均有建树。有一日，他接到了一个年轻男孩的电话，那个男孩说需要他的帮助，希望可以当面谈一谈。富兰克林爽快地答应了他，并约定时间和他在家中见面。

见面的时间到了，男孩按时来到富兰克林家门前，却看到他的房门大开，里面一片狼藉，男孩非常吃惊，这与他所想象的样子完全不同。

富兰克林见到男孩后，也没有惊慌，而是告诉他："真不好意思，我家里太乱了，麻烦你在门外等一分钟再进来好吗？"说着，他就关上了房门。

很快，富兰克林再次打开房门，他热情地迎接男孩进屋。男孩看到屋内的样子变了，之前乱七八糟的样子消失了，变得很整洁，收拾好的会客桌上还摆放着两杯精致的红酒。

富兰克林邀请男孩坐下，并跟他说："喝完这杯，你就可以离开了。"

男孩有些不知所措，他以为自己哪里惹得这位大科学家不高兴了，他来这里想要询问的关于人生和事业的问题还没得到回答呢。

富兰克林笑着对他说："你还需要问什么吗？又一分钟过去了……"

男孩恍然大悟："一分钟……一分钟……啊！我明白了！您是想教导我虽然只是一分钟，却可以完成很多事，做出很多改变。谢谢您，富兰克林先生。"

哈佛大学的教授也经常告诉学生们，要对时间有一个良好的态度，充分利用好生命中的每一分钟，这样才能实现自己心中的梦想。

在生活中，经常会出现一些意外的事情，这些意外的事情常常会使你的情绪变坏，产生不好的影响。但是不要让这种坏情绪占用你太多的时间，不然，你的生命中除了烦恼也许就没有别的东西了。

哈佛大学的爱德华 · 巴菲尔德博士热心于研究社会中出现的一些现

象和问题，他还曾经对于美国的社会进步动力进行了多年的研究。之所以进行这项研究，是因为他想发现为什么在社会中有些家族一代比一代更富裕，而其他家族则没有。

他发现那些取得辉煌成就的成功人士都具有长期时间观念。他们在做每天、每周、每月活动规划，在制定自己的时间表时，通常会作出比较长期的规划，而不仅仅是简单的日计划。成功人士的眼光通常比较长远，他们会设想好自己在三五年内、十年内，甚至二十年内要做到哪些事情。他们分配资源或作出决策时从来都不是盲目和匆忙的，而是基于他们预期自己在几年后的地位而定的。

而另外一方面，巴菲尔德博士发现那些碌碌无为的人都只有短期的观念或者没有时间观念。他们几乎没有长远的规划，他们更关心眼前的利益而非将来的成功与成就，他们注重眼前的快乐而不是长期的经济保障及成功。由于对时间没有一个正确的态度，他们经常选择短期计划，而导致长期的困苦生活。

这项发现的主要意义就在于，告诉人们应当对时间保持积极的态度：为了达到成就的极限，你的目光一定要长远，一定要用长期的眼光规划自己的人生及事业。

如果你刚刚踏入社会，那么，你一定要先辛辛苦苦地工作一些年，这样才能把你的潜能全部发挥出来，进而事业有成并有良好收入，拥有让你感到满意的生活。在工作中，通常都是要持续不断地努力好几年，才能真正实现自己的价值，找到人生的追求。所以，你一定要有长期发展的眼光。

不管你想在哪个行业出人头地，你至少要投入五年的时间来做准备。不管从事的是哪个行业，如果想要出类拔萃、出人头地，就一定要有全身心投入的心理准备。你要花很长的时间才能培养出纯熟的专业能力，在竞争激烈的市场中脱颖而出。可以说，对事业生涯的长期眼光是一个人在一个行业中取得成就的重要条件。

这种长期的心理准备和规划将完全改变你对训练、日常工作、客户、自己、社区，以及其他工作的态度。在我们的社会中，优秀的人对于他们自己，以及生活都会有长期的规划，如果我们想变得更加优秀，那就让自己去努力做到这一点。

哈佛时间管理小秘诀

在你进行时间管理之前，每天都该问问自己："我是否打算满足现状？"因为人们有时很难充实地活着，有时昨天或者明天比今天更有吸引力。与昨天或者明天相比，你的认识是什么？你的人生观是否帮助你专心于今天的需求、乐趣、机会。

有的人说，只有今天是现实的，是可以从现实的角度解决问题的。对于这种看法，你能够认同吗？

应该说，我们是应当关注现实的。不过，从一定意义上来说，昨天是现实的，明天也是现实的。如果你只把现实定义为你当前看到的、想到的、触摸到的、体会到的一切，那么，你就缩小了它的意义。

很多时候，只关注现实也会让一些人在遇到困境时变得消极，进而麻醉自我、逃避现实。逃避现实是为了逃离今天的现实而将心思转移到纯粹的虚幻活动或娱乐上。其实，你也可以通过虚构生活在将来而"逃避今天"。在现实中生活的人们，应该尽力调整好身心状态，让自己变得更加积极。这样，才能更好地对自己的时间进行管理与规划。

6．拒绝比接受后做不来要好

只要我们能善用时间，就永远不愁时间不够用。

——歌德

汤姆是一家总部位于休斯敦市的保险公司的业务员。有一天，他和客户约定在一家咖啡馆里谈业务。他用尽了各种技巧给这位客户介绍了保险的内容及益处，然而这位客户好像对此并不感兴趣，心不在焉地在那里喝着咖啡。

汤姆知道这个客户是从事电脑硬件销售的，而汤姆在大学学的就是计算机专业，于是他便转变话题，和这个客户谈论当今电脑硬件在市场上遇到的普遍问题。结果，他很轻易地就把那个人的兴趣提了上来。他们越谈越开心，最后两人商定下周的同一时间还在这里见面，正式签订协议。

汤姆非常开心，觉得自己棒极了，终于拿下了一个保险订单。到了那天，他早早地准备好一切需要的材料。然而此时，他的手机响了，是他的主管。主管对汤姆说，他有个大学同学要过来，由于自己没有时间去机场接那个同学，所以拜托汤姆去机场替他接一下。

汤姆觉得这是主管交代的事情，自己应该帮一下忙，况且时间还早，于是，他便答应了主管。

由于堵车，等他从机场回来，这个客户早就离开了咖啡馆，他因此失去了一单辛辛苦苦才谈下来的保单。

生活中的大多数人由于爱面子而不好意思拒绝别人的一些要求，结果无端地浪费了很多时间，耽误了很多事情，失去了不少本来可以抓住的机会。

难以拒绝别人是很多人的通病。在拒绝别人的时候，我们往往会前思后想，生怕由于语气不对、方式不佳等遭人误解。然而，有时候你不得不拒绝别人。这样看来，学会拒绝别人是一件很重要的事情。

哈佛时间管理理念认为，人们应当学会拒绝，让自己能更专注于自己的目标和任务。一个人的精力是有限的，很多时候我们一次只能做好一件事情。所以，无论我们做什么事情，都要先搞清楚自己最重要的事情是什么，然后排除一些干扰因素，集中精力把这些事情做好。

有技巧地拒绝是一门非常重要、非常有用的沟通艺术。在你决定是否要答应别人请求之前，首先要问问自己："我想做什么""我不想做什么"或者"怎么做才对我最好"。在做出决定的时候，我们必须考虑，如果现在答应对方的请求会不会影响手头的工作？暂停手头的工作又是否会影响到另外的事情？而且，如果答应了帮助对方，以自己的能力又能否达到对方想要的效果？

当你确信自己需要拒绝别人的时候，你就要运用一定的方法和技巧。掌握了方法和技巧，才可以避免得罪别人同时又可以做自己喜欢的事情。大家在拒绝别人的时候，可以参考以下方法：

（1）移花接木法

当对方向你提出一件事情的时候，你可以用其他的事情来表示自己并不合适对方的要求，这样婉转地拒绝，对方可以很容易就明白。

（2）自言自语法

人与人正面相处的时候，往往不好意思直接说出自己的想法，尤其是拒绝对方的内容。这时，如果低头假装自言自语的方式，或许很容易让对方明白你的想法。

（3）先承后转的方法

如果过于直接、开门见山地拒绝对方的要求，可能会使得双方的气氛一度陷入尴尬，也容易破坏原本的关系。因此，在拒绝对方的时候，可以避免正面、直接地表达，用另外的话题诱导对方，让对方接上你的话题之后，立刻转变话锋，制造出其不意的效果，促使对方放弃要求。

（4）略地攻心法

这个方法适合你了解对方情况的基础上。通过心理攻势，让对方对自己的要求感到愧疚，使对方放弃不合理的要求，从而婉转地拒绝他人。

哈佛时间管理小秘诀

如果你的朋友请你接手一个计划，但是你已经负荷过多，或者你对他的计划不感兴趣，那么你就不应该勉强答应，而应该诚恳地、委婉地拒绝他。下面是一些有关拒绝的原则：

（1）要耐心地倾听请托人所提出的要求。

（2）如果你无法马上决定是否接受他的请求，就要明白地告诉他你需要时间考虑，并且告诉他什么时候可以答复他。

（3）拒绝他人的时候应该表现出你已经了解这个请求对于对方的意义,但你在深思熟虑后依旧无能为力。不要表现出轻视对方的样子。

（4）拒绝对方时，你的态度应该真诚而坚定，且要和颜悦色地拒绝对方。

（5）拒绝对方时，你最好能说出拒绝的理由。

（6）要让对方明白，你拒绝的是他委托你做的事情，而不是拒绝他本人。

（7）不要通过第三个人拒绝对方，这会让对方觉得你有些懦弱，不够真诚。

学会拒绝还有一个原则，那就是慎许承诺，否则你就会被很多额外的事情占去自己的时间，可能出现一个对方和自己都不满意的结局。

7. 认识自我最佳做事时间

将精力集中在那些最有可能取得成果的工作上，你就会在短期内达到目标。

——马克·罗伯蒂

戴安娜是一家化妆品公司的销售大区经理。该公司销售部的女性员工不少，她们私下聊到如何很好地完成工作任务时，提到了“5点钟俱乐部”。

这些女性员工每年需要面对各种家务，如在家带孩子、做饭、洗衣服等。她们每天在5点钟起床，然后一天忙忙碌碌，却依然取得了良好的销售业绩。戴安娜说：“‘5点钟俱乐部’并不是一个常规意义上的俱乐部，也没有固定的活动场所，甚至不需要参加俱乐部活动。只要你能在每天5点钟起床，开始一天的工作生活任务，那你就已经是这个俱乐部的一分子了。”要在5点钟起床确实需要相当的毅力，但是有很多好处：早晨比较安静，空气也很好，让你觉得有种幸福的感觉，你会以比较轻松的心情投入工作中。

戴安娜建议销售团队的人利用这段没有干扰的时间查看库存量、下订单、写感谢函、计划一整天的工作等。

在这里，最佳时间指的是一个人最佳工作的时间。通过长期的工作，你能够发现什么时候是你的最佳工作时间。对于你来说，它可能是早晨很早的时候，也可能是下午或晚上很晚的时候。例如，温斯顿·丘吉尔过去常常在深夜和早晨的时候工作。在早晨的大部分时间里，他都待在床上阅读报纸、口授信件。还有一些人，最佳时间可能是中午或下午晚些的时候。

对于大多数的人来说，需要单独、集中和创造性思维的任务都最好放在上午 10 点钟之前做。如果你在最佳工作时间规划重要项目，就能以更少的努力来成就更多。当然，你也可能是那些晚上或者下午做创造性工作的少数人中的一个。如果是这样，你便应培养一种利用你的黄金时间来进行创造性思考或者做战略性工作的方法。

为什么对很多人来说早晨是最佳时间呢？这涉及精神疲劳和身体疲劳的关系。一个完成了一天艰苦工作的管理者，精神疲惫地回到家里后，他的眼睛和面部肌肉都已感到了疲惫。他会容易情绪波动，很难作出什么决定。如果他确实在这个时候不得不作出决定的话，那么他的决定的正确性很值得怀疑。他想放松，然而工作的惯性让他无法从工作的状态中摆脱出来。对于这种状况，他能做的对自我最有益的办法就是找到放松的方式，努力放松自己，让自己休息。

睡眠是最好的放松方式，良好和规律的睡眠，能让你的精力得到迅速恢复。因此，在早餐之前或者之后，当你的精力水平在上升时，进行最重要的工作是一个比较好的做法。

你要记住，在你疲劳比较严重之前“治愈”它，可以节约更多的时间。疲劳越少，你恢复到比较理想的工作状态所需要的时间也就越少。工作间歇就能起到一个很好的作用。午餐后有半个小时至一个小时的休息显然是很重要的，因为它给了你的身体一个迅速调整的机会。当然，休息的时间点和方式你也可以自己把握。不过，休息时间的长短应该注意适当。如果休息时间过长，将浪费时间，或者丧失精神动力。如果休息时间过短，疲劳会在没有清除的情况下干扰你。

哈佛时间管理小秘诀

众所周知，每个人都有自己的生活规律与生物钟。有的人早上精力充沛，有的人则晚上头脑清醒，而有的人整天忙忙碌碌，充满活力，似乎从不知疲倦。但是，人总是会有疲劳的时候，而一旦疲劳就会造成身体失衡。要想战胜疲劳，就需要找到战胜疲劳的方法：

（1）始终保持有规律的生活节奏。良好的睡眠会使人精力旺盛，尤其晚上在11点前睡觉，对次日的体力、脑力有着不可替代的恢复作用。当然，克服疲劳的最有效方法就是按照自己的生物钟合理地安排生活、工作。

（2）坚持科学的运动量，增强体能，减缓脏器衰老的时间。

（3）谨慎地对待、合理地安排饮食活动。

（4）及时地调节情绪。人的疲劳不仅是因为体力不济，精神上的失望、焦虑、恐惧、愤怒等也会使人感到疲倦，造成精力上的衰竭。所以，不断地控制、调整情绪并有意识地排解自己的苦闷，会有益于身心健康，帮助我们战胜疲劳。

8．专注于有效的工作

只要专注于某一项事业，就一定会作出使自己感到吃惊的成绩来。

——马克·吐温

大学毕业后的布莱曼进入一家知名跨国公司。由于她又聪明又能干，岗位很快被提拔起来，成了总裁助理。

此后，她也愈加努力，每天都力求把工作做到最好。同事们对她的工作能力也都很认可。不过，时间一久，同事们在工作上开始有不少找她帮忙的事。布莱曼觉得自己能力很出色，也很乐于帮助同事。可这么一来，她的工作效率也受到了影响。

领导对她帮助他人而影响了自身工作的情况，委婉地向她指出过，建议她要保障完成好本职工作。不过，布莱曼似乎没有听进去，在工作上还是经常帮助他人。有一次，总裁打电话找布莱曼参加一个临时的重要会议，却一直打不通。后来发现，布莱曼又是在帮助他人，接了半个多小时咨询她问题的电话。

总裁对此很生气，于是给她发了一份传真：你很出色，也有很强的能力，但不能专注并保障完成好本职工作，这问题很严重。很快，公司把布莱曼的岗位又作了调整。

哈佛时间管理理念认为，每个人都应该合理地安排自己的时间，把最大的精力投入最重要、最有效的工作中去。对于一个渴望在工作中有卓越表现的人来说更是如此。而把自己最大的精力投入最有效的工作中，专注于有效的工作，首先要找出自己集中精力做事的最高时限。

一般认为，一个人能够集中精力的最大时限平均是 90 分钟。以讨论会、写作、演讲等为例，一个人全力以赴的时限，大约在一两个小时之间。如果一个人对一份工作比较感兴趣，那么，他可能会维持两三个小时的高效率工作。此外，一个人能不能集中精力进行有效的工作也与所处的工作环境有关。

这也就是说，一个人能否专注于有效的工作，除了他本身的能力之外，也受到工作内容、工作环境的影响。如果一个人能知道自己集中精力做事的最高时限，一定会提高自己的工作效率。因为清楚自己的最高时限，就不会毫无意义地把工作延长到三四个小时，而勉强延长工作的时间，就不能专注于有效的工作了。

当然，只要我们个人有意愿去保持专注，去改变自己的思维，就能找到让自己专注的办法。正如哈佛大学教授埃伦·兰格认为的那样，想要变得专注，不代表需要经过多年冥想，达到某种意识状态，而是要学着改变对自己与世界的思考方式。

哈佛时间管理小秘诀

专注于有效的工作，需要你避免分心。外界让你分心的人、事、物，可能就是在浪费你的时间。所谓外界的人、事、物，指的就是打断你手边工作且不在计划中的活动。

要避免分心，就要尽量把这些会妨碍你的事物阻挡在门外。如果你有单独的办公室，你可以把门关上，让办公桌远离走廊，用电话录音过滤电话，或者在门口挂一块“请勿打扰”的牌子。如果你和同事共用一个办公室，就可以跟同事约定工作时间尽量减少讨论，保持办公环境的安静。对于同事的请求，如果与自己的工作相冲突，就婉言拒绝；如果与自己的工作没有直接的冲突，不会对自己的工作产生负面的影响，也可以答应他们。

如果别人的打扰真正影响了你，让你没办法专注于有效的工作，你可以抽出一些时间，跟找你的人见见面或者电话沟通一下，当然，最好在非工作时间。

你要按照自己的时间表工作，而不是顺应别人的时间表做事。你越能控制好时间，就越能专注于有效的工作，进而能更好地掌控自己的人生。

9. 认识错误，告别完美主义

时间是一个伟大的作者，它会给每个人写出完美的结局来。

——卓别林

有一位雕刻家，他总是要求自己做的所有的事情都尽善尽美，尤其在雕刻作品上，有着强烈的完美主义情结，即使他制作雕像的技艺已经高超到让人叹服的地步。突然有一天，死神告诉雕刻家：你快要死了。

怕死是人的天性，这位雕刻家变得非常紧张，每天都在想办法躲避死神。终于，他想到了一个办法，他制作了 11 个跟自己一模一样的雕像，准备等死神来敲门的时候，就躲在雕像中间屏住呼吸，他觉得这样就一定没有问题了。

这一天终于到了，死神打开了雕刻家的门，映入眼中的是 12 个一模一样的雕刻家。这可难坏了死神，他不停地揉眼睛，想要知道到底发生了什么？上帝创造的每一个人不都是独一无二的吗？上帝要他带回去一个将死之人，可这里有 12 个，到底要带回哪一个呢？……毫无头绪的死神只好离开了。

死神向上帝汇报了这一情况，并询问为什么会有这么多相同的人。上帝听后大笑，把死神叫到身边，俯身轻轻对他说了一句话。

之后，死神又来到了雕刻家的家中，他在 12 个人的房间里慢慢踱步，并选择了一个雕像，停下来脚步，死神说："雕刻家先生，你的作品已经很出色了，但是还是能看出一些问题。"

听到这句话，完美主义情结严重的雕刻家立马憋不住了，他忘记了自己正在被死神寻找，直接说出了话。然后死神笑了，说："人间哪有完美的东西呢？不过，我可找到你了！"

这只不过是一个故事，但想告诉大家的是，完美主义在一些时候其实会让人犯错。你是不是也跟故事中的雕刻家一样，每时每刻地追求完美？你是否要求自己在生活和工作中不犯一点错误？你是否希望你结交的人也都是尽善尽美的？你是否也在幻想一个钱多、活少、离家近的工作？如果你成天沉浸在这种无意义的幻想中，只会一直浪费你的时间，丢下你的完美主义吧。

正如哈佛大学泰勒·本－沙哈尔博士所指出的：可以追求卓越，但不要完美主义。确实，过分追求完美的人，往往会花费大量的时间和精力去构造完美，最后却没做好自己应该做的事情。因此，建议大家：无论做什么事情，都不要刻意地追求完美。在时间管理上也是如此，要懂得见好就收。

你要清楚，在工作中，"低于完美"并不是指"糟糕"或者"马虎"。你的目标应当一直是拿出最佳状态，付出你现有的能力、知识和经验、时间和智谋，以及特定情况下需要的素质水平。

如果你是完美主义者，你的最佳状态对你来说将永远不是完美的。你应当认识到：你的最佳状态就是足够的好，尽可能和大多数人在同样的情况下做得一样好。

你永远不会达到理想中的状态，因为完美主义只是一种假象，只是存在于你的头脑中而不是现实世界里。日本女医生吉田穗波在陆续生孩子的同时，还考上哈佛大学攻读硕士，她在时间管理上就是放弃完美主义，"做一点是一点"。所以你需要把自己从完美主义中解救出来：你可以不完美，可以暂缓头脑中对"错误"的全部概念，可以允许自己去冒险，尝试各种可能性。如果你不这样做，你便无法让自己接受新的任务。

你可以现在就去做，做完后再判断。如果过早地对自己的行动进行太多判断，就会扼杀你的表现。在行动的过程中，你会逐渐做得更好、更出色、更熟练。虽然熟练不会练就完美，但是它可以练就出更好。随着你增加了经验，从以前的努力中学到了知识，获得了反馈，并且把得到的结果与预计的相比较，你就会改变原有的做事方式。你会有意识地作出很多改变，你也会无意识地作出很多改变，有些是你能够察觉的，有些则是你无法察觉的。

你也要刻意地去做一些事情，比如说对自己宽容一些，把自己从完美主义中解放出来。这样，你就会进入一个更有成效的空间。

哈佛时间管理小秘诀

在繁忙的社会中，如何有效地避免因追求完美而产生的不利影响呢？

（1）找到问题的根源。只有找到了问题的根源，问题才好解决。许多追求完美者的问题在于：无论做什么事情，都喜欢吹毛求疵，过于追求所谓的最完美境界。他们在从99.9%跨越到理想中的100%时，往往为最终的那0.1%付出多出正常标准很多倍的时间、精力等资源。但是我们都知道，任何事情最后的那0.1%最难获得，和前面根本不成比例，是得不偿失的，所以我们实在没有必要刻意地去强求它。

（2）做事情有规律。能够坚持自己正常的学习和工作，想办法把自己的生活节奏安排得井然有序。在工作学习之余，要注意对于个人兴趣爱好的培养，并通过不断地接触新鲜事物和与他人交流，分散和减少自己对于完美主义的渴求。

（3）能够有一颗平常心。既然这个世界上没有完美，就不要执着于追求所谓的完美了。无论何时，无论何事，都要保持一颗平常心。

Lesson 4

授权与委派，让你更有效地利用时间

世界上那些获得很多成就和荣誉的人都有这样一种特点：懂得授权与委派的重要性。哈佛时间管理观念认为，你不可能亲自做每一件事情。所以，你必须要让自己学会有效地委派，以使自己谋得下属的支持，并使工作任务顺利地完成。可以说，委派是最基本的同时也是最重要的职员管理技能。懂得授权与委派，职员可以做经理的工作；不懂得授权与委派，经理也只能完成职员的工作。

自我测试：你在团队管理中承受了太大压力吗？

请根据你的第一反应与实际情况，按照以下标准进行打分，并记住相应的得分。

从未出现过　1分

很少出现　2分

偶尔出现　3分

时常出现　4分

频繁出现　5分

(1) 你认为团队成员在与你交流时，总是不愿意敞开心怀，有时你甚至可以从他们身上感觉到明显的敌意；

(2) 同事们对你缺乏理解与认同，总是会背着你议论你的缺点；

(3) 每次节假日后的第一天上班，你都会紧张到不安的程度；

(4) 你对目前自己所从事的工作与所带领的团队毫无热情，你总是被动地处理工作中遇到的各种事情；

(5) 在与下属进行工作沟通时，你明显感觉自己处于被动状态，而且总是对他们的表现不满；

(6) 下属无意间的冒犯也可能会惹怒你，令你长时间耿耿于怀；

(7) 你认为，现如今的团队素质使你的才能得不到充分的发挥，工作环境的不友好让你不得不时时警惕；

(8) 你认为自己无法在规定的时间内完成重要工作或者完成工作的质量不能令人满意，其原因是自身的能力不足；

(9) 你认为自己曾失去过更好的工作机会，而且日后可能再也遇不到类似的机会了；

(10) 你认为团队成员对你的协助与支持是理所当然的，而且你不会对此表示感谢；

(11) 你认为自己当前工作的薪资远远低于自己的实际劳动，且如今的工作也不如上一份工作；

(12) 在会议上，如果大家谈起你或者轮到你发言，你会不由自主地想去找个类似洗手间的地方冷静一下；

(13) 你认为自己有新知识、新技术需要学习，但就是无法集中精力；

(14) 每天，你都有一个固定的时间段会感觉到疲惫；

(15) 你认为自己没有能力在一堆事情中分清它们的轻重缓急；

(16) 你认为自己每一项工作的结果都不能尽如人意，而自己原本有办法做得更好；

(17) 你不知道应该如何将工作委派给下属；

(18) 下属们对你的委派总是非常不耐烦。

请将自己的 18 个得分相加，看看你的分值是多少吧！

答案分析（仅供参考）：

18—22 分：你与团队成员协作顺利，对本职工作驾驭自如，如今的你正处于职业生涯的最佳状态中。

23—29 分：你现在从事的工作是你擅长的领域，但你应对意外事件的能力有些不足。

30—49 分：如今的你已经有一定的压力了，如果不进行改善，你的心智与工作业绩都会受到影响。你应该在工作计划、任务实施和时间管理等方面重新规划调节，并对测试题中得分较高的条目进行反思与改进。

50—74 分：你承受了较大的职业压力，并因此而令自己的工作、生活受到了极大的影响。你必须立刻着手调整你的生活习惯，如早睡早起、培养健康意识、加强运动、丰富个人爱好等。

75—90 分：你的职业压力惊人！你所带领的团队一团糟，所有的工作都无法顺利进行，你的身心正在遭受着摧残，甚至已经到了必须要接受心理治疗的程度！

1．明确自己的主要角色

谁若不能主宰自己，谁就永远是一个奴隶。

——歌德

杰克是一家知名家用电器公司在 A 市的分公司经理。

有一次，公司总部安排他到 B 市进行学习，在那里他遇到了自己的直属领导爱德华，并在学习培训期间，与爱德华多次交流。虽然以前从未见过，但在最近的交流中，他切实地感受到了爱德华是一个勤奋刻苦又认真负责的人。据说，爱德华在这家公司已经工作十年了，从最开始的小职员一直到现在总部管理层，他的工作一直受到公司内其他员工的好评，几乎听不到任何关于他的闲言碎语。杰克觉得这个出色的领导一定会对自己很有帮助。

学习期过后，杰克回到了 A 市，他马上召开会议，听取他不在公司这段时间的市场简报，并和其他员工讨论近期的销售情况。很快，他发现了不太好的问题，最近自己所在公司的产品市场占有率，已经被其他几个大品牌超越了。

感到十分焦虑的杰克马上给领导爱德华打电话询问，还发了好几次电子邮件，他希望这个出色的领导能给他提供明确的解决思路，好让他了解公司总部对于分公司的一些长期安排。但是爱德华并不如杰克所想的那样，给他很多指导，只是让杰克多去进行一些市场调查。

直属领导模棱两可的回答，让杰克有些不知所措。而让他无法接受的是，当爱德华来A市出差，和一家代理商面谈时，竟然轻易地答应了对方的进货打折要求，仿佛一点没把同样在会客室的作为分公司经理的自己看在眼里，他感觉自己被忽视了。

随后，在爱德华出差A市期间，一直是杰克陪同，他感觉到爱德华的工作能力突出，对于A市分公司情况也很了解，但当他表示准备对A市一些分片区经理进行调整的时候，爱德华直接提出了反对意见。

爱德华认为A市一些分片区更换人员，对于公司发展没有太大的帮助，公司应当层层下沉管理，比如：自己应该下来多管理分公司的工作，而像杰克这样的分公司经理，则应当主要下到片区去管理和参与工作。

听完爱德华的话后，杰克很久都无法理解。他觉得总部高层对于分公司的管理太多了，而自己作为分公司经理也不应总下到片区去参与工作。

一个人在这个世界上往往扮演着两类角色——生活角色和工作角色。每个人都应该明确自己的角色，不管是在生活中还是在工作中。

在生活当中，你扮演的有“儿子（女儿）”“朋友”“男（女）朋友”等角色，而每个角色所要做的事情显然是不同的。作为子女，你会考虑怎么做才能让父母生活得更愉快。而对于自己的父母来说，他们可能并不需要你在经济上的支持，更多的是情感上的一种关怀。所以，经常保持联系，关心父母的健康，尽可能地见见父母就变成了日程里必须要安排的事情。而作为朋友，经常联系、经常沟通、相互帮助等则是我们需要完成的任务。生活的角色会经常发生变化，而这种角色的变化对于我们的影响则是对自己性格的塑造和改变。当自己的角色任务和对方的角色任务发生冲突时，我们应该及时地反思自己，从自身找原因，从而找到更好的解决办法，尽量让双方的角色任务都不受太大的影响。

和生活角色相比，工作角色相对要简单一些，因为很多工作都是有标准可以参考的。很多时候，我们会有单一的工作角色，从事某个或某类特定的工作。当角色任务明确以后，我们就很容易知道自己在什么时间、什么地点做什么事情了。

在工作中，我们应该明确自己的角色，明白自己的工作内容，找到行之有效的工作方法。有时候，我们在工作的过程中会觉得管理者的工作方式浪费了我们的时间。但是，你也要看到，自己的工作方式也可能在浪费管理者的时间。

有时候，你是否本来不需要管理者的帮助也能很好地完成任务，却依然常常让管理者介入你的工作呢？你要知道，你的每一个请求都可能浪费掉管理者的很多资源，这些要求同样也可能浪费掉你的管理者本来就有限的资本，所以尽量不要为了那些微不足道的事情去求助你的管理者。

如果你是一个管理者，不要让你的下属把问题推给你。有效率的管理者会给自己的下属提供一些建议及他们需要的资源来帮助他们解决工作中遇到的问题。

在工作上，无论你处于一个什么职位，上下级之间都应是互相依赖的。你要做到既不让下属浪费你的时间和资源，也不要浪费管理者的时间。相互的依赖使得你们有必要建立良好的关系，有效率地工作。记住你在日常工作中是如何浪费你的时间的，然后找到行之有效的方法去改变。

哈佛时间管理小秘诀

在一个工作团队中，每个成员都有明确的责任与分工。团队中的每个成员，在做事时都应该具有责任意识，对自己的工作负责，以实现共同目标。

（1）找到自己的位置。在一个公司或者一个工作团队中，每个人都有自己的位置，都有自己需要负责的工作，不管负责哪一部分工作，你都要始终在自己的位置上，而不要随便跨入他人负责的领地，否则，工作秩序就会被打乱。

（2）注意杜绝个人英雄主义。工作中，那些讲究个人英雄主义的员工，只会让自己的职场之路越走越窄，对其自身的职场发展并没有好处。即使你是一个很有能力的员工，你也不能因此有一种优越感，而是应注意保持集体利益，唯有如此，才会让你自身的利益得以实现。

（3）与他人的合作。工作中，实现自身的价值，仅仅凭借自己的努力是不够的，更需要的是与他人的合作，甚至是他人的帮助。在公司这个大家庭里，需要员工对自己的责任有准确的定位，认清自己的责任，扮演好自己的角色。

团队中，能对自己的角色有清醒认识的员工，才会得到管理者的好感，才会在实现集体利益的过程中实现自身的利益。即使员工自身的能力并不是很好，也会因为自身的集体意识而帮助自己获得赢在职场的可能。

2. 懂得授权的艺术

成功的企业领导不仅是授权高手，更是控权的高手。

——彼特 · 史坦普

由于近两年在工作上表现突出，皮特被总经理古纳德提拔为公司销售部门的新任负责人。皮特因此很受鼓舞，为了回报领导的信任，皮特全身心地投入工作中，销售部的所有事情，他都跟进和过问，试图把所有事情都做到最好。甚至在很多事情上，皮特都不放心，于是亲自去干。

几个月下来，公司的销售业绩却没有像皮特预想的那样增长。销售部门的人员充满了抱怨，觉得皮特好大喜功，自以为是，没有在工作上与他们进行良好沟通与协调，也没有给他们应有的信任。而皮特自己也觉得很委屈。

总经理古纳德了解到销售部门的情况后，与皮特进行了谈话。经过一番深入的谈话，皮特终于认识到，自己在工作中大包大揽、与部门员工缺少沟通的做法，是存在问题的。日常工作中，应当注意适当授权员工去干好一些工作，充分调动团队的积极性。

经过这次交谈后，皮特开始尝试改变自己的工作方式，在工作中进行了更多合理的授权，也更多地与大家沟通，完善协调机制。之后，公司销售部的工作业绩也逐渐有了起色。

哈佛大学管理理念认为，一个优秀的管理者通常需要懂得授权的艺术，能够人尽其才，让每一个下属都能够充分发挥自己的才能。

管理者的任务与一般的员工是不同的，他的首要任务和终极任务就是管理。他要把工作任务分配给每个人，并做一个统筹的工作，掌握工作的总进度，并且在适当的时候作出决策。这才是一个管理者的价值所在。

管理者懂得授权，首先要知道授权的意义和重要性：

（1）减轻公司管理者的工作量。管理者通过把工作派发给下属的方式，可以在很大程度上减轻自己的工作量。这种方式，既可以培养自己信赖的下属，增强他们的工作能力，又可以使得管理者自己有更多的时间思考公司的重要决策。

（2）促进被委派员工的工作积极性。上层管理者将权力下派给员工后，员工有更加自由的空间，这将大大激发他们的工作积极性和个人才智，并投入更多的热情在工作中。

（3）现在企业的组织结构正在逐渐向扁平化发展，当以往明确的上下层级逐渐模糊后，管理者需要管理的人员越来越多，管理难度也不断加大。在这种情况下，将权力委派给员工已经成了企业发展的一种必然趋势。

管理者在授权的时候要合理，要顾及每个员工的能力，以及执行不同工作所需要的时间。不然如果造成时间差，就会造成时间的更大浪费。

管理者还应该建立完整的下属工作。所谓完整的下属工作，也就是说管理者在授权的时候应该把完成一项“完整任务”所需要的责任和权力同时授出。这样做既节省了管理者的时间，又可以让管理者去做更为重要的事情。同时，这也使得接受这项任务的下属更乐意接受分派的任务，并提高整个组织的工作效率。试想，如果你接受了管理者分派的工作，却事事都要请示他，不能放开手去做，那么你的工作积极性就会下降，而管理者也会因为事事关心而忙碌不堪，甚至任务会因为不能及时请示而被耽误。

哈佛时间管理小秘诀

授权是时间管理的一个重要内容。通过授权，管理者可以节省时间做更重要的事情，也能提高下属的工作能力，提高其工作效率。成功的授权有以下几个步骤。

（1）确定合适的人选。当管理者决定要将权力授出后，最重要的就是找到一个授权对象。这个对象需要具备以下两点要求：一是授权对象有足够的能力和热情来担当这项任务；二是确认需要授权的工作是否与授权对象正在进行的工作冲突，他是否有足够的时间和精力完成新工作。

（2）明确交代任务。管理者要清楚地向被授权人交代好任务，包括任务的最终目标、最后期限及实施途径等。含糊其词地交代任务只会使被授权人犯错误的机会增大。同时，管理者还要通过提问来确定被授权人对任务的各个环节是否已经了解清楚。

（3）监控工作进度。管理者应不定期地检查被授权人的工作进度。监控的尺度要适度把握，过严会使被授权人产生反感，影响工作情绪；过松会使其感觉你好像对他们的工作漠不关心，从而使得他们丧失工作热情。

（4）适当的支持和鼓励。管理者对于被授权者应该提供适当的技术支持，并对他的工作表示肯定，鼓励他大胆创新，这样会使被委托者对自己充满信心，从而保证工作质量和进度。

（5）总结和评价。当被授权者完成任务的时候，管理者应该及时进行总结和评价，分析自己授权是否成功，以及被授权人是否成功完成了任务，如果是，则总结经验、再接再厉；如果不是，则吸取教训，为下次授权做好准备。

3. 根据员工表现进行授权

能用他人的智慧去完成自己工作的人是伟大的。

——旦恩 · 皮阿特

被誉为“石油大王”的洛克菲勒，有着个人独特的经营理念和管理智慧。在用人方面，他也常常给予被授权人充分的信任，从而与下属建立起了良好的关系。

据说，有一个在南美进行的项目中，洛克菲勒让爱德华 · 贝特福全权负责，但爱德华 · 贝特福在该项目投资过程中，由于对信息判断的失误，导致项目失败，并损失了高达 100 万美元。爱德华 · 贝特福对此感到很愧疚，回来告知洛克菲勒因自己失误导致了公司的损失。听到消息后，洛克菲勒并没有生气，而是微笑着说：“其实只损失这些，已经很不错了。你已让损失降到了最低。”之后，洛克菲勒还是很信任爱德华 · 贝特福，并授权他处理其他的重要项目。而爱德华 · 贝特福也很感激，放下了心里的包袱，不辜负洛克菲勒的信任，更加努力、细心地进行经营，为洛克菲勒公司的持续发展做出了很大贡献。

授权是一门艺术，一个成功的领导者并不需要时时事事皆亲力亲为，而是通过恰当、适时的授权，在用人、办事、经济、管理等方面让下级将自己的创造力与积极性充分地发挥出来，从而达到实现组织目标的目的。想要掌握授权的艺术，管理者应该注意以下两大问题。

（一）根据员工表现调整自我授权风格

在面对不同的人时，或者在不同的处境中，管理者的领导风格都应出现相应的变化，以令自己的管理风格与下属的状态和水平相适应。以下是几种在管理过程中经常会出现的员工状态：

（1）不愿意、不能接受任务，或对任务无把握完成者

如果团队成员在工作过程中表现得毫无相关知识与技能，而且没有兴趣、信心学习此类技能的话，管理者应以命令与严格的监督模式来具体地引导与指挥他们。

（2）无能力但愿意接受任务，或有信心但暂时无能力接受任务者

在经过了第一阶段的工作经历之后，下属已经具备了一定的自信，并渴望自己可以继续学习，就算其技能依然达不到任务所要求的标准，管理者也应对其进行积极的指导与相应的激励。

（3）有能力但不愿意接受任务，或有能力但无把握完成任务者

如果面临更具有挑战性的任务，员工很可能会再次出现不自信或者由于动力缺乏而不愿意接受任务的现象。此时，管理者应号召团队精神以激励下属，并帮助员工解决相应的问题。

（4）有能力并愿意接受任务，或有能力、有信心去接受任务

在管理者的激励与指导之下，团队成员会一步步地走向成熟，而其能力、意愿等各个方面都已可以适应工作了。这时，管理者应将任务放心地交给团队成员，自己只需要做好相应的监控与考察工作。

（二）选择好授权对象

在现实生活中，以下几种人是最佳的授权对象：

（1）忠诚的无私者

这类人敢于在执行任务的过程中坚持自己的做事原则与相应的规则，他们办事认真、有始有终。一旦得到了授权，他们便会对授权者表示最忠实的支持。

（2）积极奉献者

这类人虽然工作能力不一定非常强，但是却乐于为团队多做额外的工作，而且总是愿意积极地付出和奉献，将任务、权力下放到这类人的手中，工作往往很好开展。

（3）拥有极强创新能力者

他们敢于在平凡的工作中寻找新的突破点，愿意寻找新方法、新途径去解决问题。将权力授予这种人，往往会使整个团队的工作局面为之一新。

（4）善于团结、懂得协作者

在具体的工作中，他们擅长人际关系的打理，有着非常强的向心力与凝聚力。将一些需要团队力量的任务交给他们，往往会让你有意外的收获。

（5）独立性极强的人

此类人的独立思考能力极强，善于发现问题，善于解决棘手问题，并习惯于提供有价值的独特见解。在接受授权之后，他们开放式的思想方式往往会让授权者耳目一新。

（6）偶尔犯下错误并渴望得到更改机会者

许多人都会有这样的感觉：因为犯下了错误而感觉丢了面子，在心存愧疚的同时还渴望以新的表现机会重新获得他人信赖。如果管理者可以大胆一些，将权力再次授予他们的话，他们的积极性要比以上几种人更强。

哈佛时间管理小秘诀

想要让授权成功进行，你需要学习一些相应的技巧，以增进授权整体的效能与作用。以下是几个进行授权时非常有用的要诀，管理者们可以尝试着去运用一下。

要诀一：明确任务目标与完成期限

在授权时，一定要将任务的最终达成目标、何时应完成目标等这类基本信息告知员工。唯有清楚了这些，员工才能找到基本的行动方向。

要诀二：提问更详细一些

在询问对方时，应该将问题具体化，有针对性地进行提问，而不应问“清楚了吗”“懂了吗”这样的语句，否则员工很可能因为害怕自尊受损而不愿开口。

要诀三：授权后适度放手

与其紧迫地盯人，还不如开始将一切交代清楚，之后放手让员工去做。这样，管理者不仅可以省去一些精力，更可以让员工清楚地知道自己的能力所在。

要诀四：让员工感觉到他可以从任务中得到明确的好处

这种好处可以是技能上的提升，也可以是金钱上的回报。如果管理者将权力授予他只是因为自己的事情太多，忙不过来，那便不是授权，而是“帮主管打杂”了。

4. 防止“反授权”局面出现

授权并信任才是有效的授权之道。

——柯维

路易是一家建筑公司的总经理，他虽然工作勤奋刻苦，却不懂得怎样将工作授权给下属。有一次，他得到了一份主持设计大楼建造的工作，按照流程，他需要带领员工进行实地调研，以确定大楼的地基要多深才合适。

当时的路易虽然年轻，但已经有了好几年的工作经验。不过，像这次一样完全由他独当一面的工作，却是第一次。路易干劲很足，他想要给其他的员工做出榜样。所以在调研的第一天，路易就拼命干活，想让员工们看到。没想到的是，这些员工非常狡猾，他们看到路易这么努力，一边不停地夸奖路易的能力，一边偷懒和休息。到第一天工作结束的时候，进度与路易所想的相差甚远。

疲惫的路易回到家中，并没有直接休息，而是思考为什么会成为这样，他发现全都是把工作揽在自己身上所致。于是到了第二天，路易便不再简单地想着作为一个榜样了，他给员工们都分配好了工作，然后更专注于指导和监督他们，结果，第二天的工作量达到了预期。

哈佛大学管理理念认为，管理者在对下属进行授权以后，一定要防范“反授权”问题的发生。这是指被授权的下属，由于在工作进程中遇到困难等，转而将自己职责范围内本应完成的工作推回给管理者。这种情况会使得管理者陷入被动，他们会被迫处理下属无法解决的问题，让下属有了依赖心理，甚至会导致任务的失败，从而使双方都面临失职的可能。

出现“反授权”现象，大致有两个方面的原因：管理者的原因和下属的原因。

其中，管理者的原因主要有：

(1) 对于授权工作缺少经验，不会授权。

(2) 不想授权给下属。这样的管理者由于缺乏对下属的信赖，宁可自己完成大量工作，也不愿意将权力下放。将权力交出，会使得他们感到不安。

(3) 个人主义严重。这样的管理者喜欢对一切决策大包大揽，然后要求下属事事汇报。

（4）不善于拒绝，事必躬亲。这样的管理者即使将权力下派，也会不断地追踪下属的实施情况，对有关问题事无巨细地了解。有些下属就会投其所好，将一切细节向管理者汇报，表现出自己的忠诚。

而来自下属方面的原因有：

（1）缺乏责任意识，只求能够平安保住自己的工作。

（2）缺乏进行工作必要的工作技能和自信心。

（3）将工作责任转嫁给管理者，一味阿谀奉承，缺乏工作的冒险精神。

反授权有五种表现形式，分别是：请示型反授权、问题型反授权、选择型反授权、事实型反授权、逃避型反授权。

（1）请示型反授权。有些强势的管理者在公司内，办公室的门永远都关不上，他的下属接连不断地到办公室中汇报工作，管理者也对此非常享受。这样就使得员工明明已经得到授权，却无法自主发挥工作能力，依然事事都要得到管理者审批。

（2）问题型反授权：有些喜欢拍马屁的下属在已经被授权后，依然要向管理者询问各种问题，请求帮助。这种情况会占用双方相当多的时间。

（3）选择型反授权：有些下属在得到授权后，会作出几种不同的方案，然后重新交给管理者判断，这就避免了自己承担责任。

（4）事实型反授权：有些个性强烈的员工，在得到授权后，为了展示自己的能力，往往会发生越权工作的现象，这可能会导致工作中出现问题后不得不转嫁给管理者处理的现象。

（5）逃避型反授权：有些员工可能不愿意承担责任，这样他们在工作中的消极情绪就会比较严重，通过各种方法逃避工作任务，最终任务又回到管理者手中。

哈佛时间管理小秘诀

“反授权”的现象虽然容易出现，但是如果管理者在平时注意培养下属的工作意识，在授权时多加注意，这一问题在很大程度上还是可以避免的，在此我们给出以下几个建议：

（1）选择合适的下属是基础。在合适的工作时间选择有能力有积极性的下属，而不是随意授权。

（2）将“责、权、利”相结合是基础。管理者在决定授权的时候，一定要将责任、权力、利益向下属阐述清楚，明白了其中利害关系并接受了任务的下属，会更有积极性地进行工作。

（3）在听取汇报的时候，多向下属提几个“为什么”。这可以更好地引导下属进行深入思考。

（4）教导下属自己决策。当遇到下属的请示或求助时，要反问下属，让他自己思考如何处理问题，鼓励他自己完成决策。

（5）授权工作完成后及时给予反馈。下属的工作完成后，双方要及时进行交流，讨论工作完成的成绩和不足，如有做得出色的地方，要予以奖励，增强下属的工作自信。

5．做好时间管理，有效委派工作

最好的 CEO 是构建他们的团队来达成梦想，即便是迈克尔 · 乔丹也需要队友来一起打比赛。

——查尔斯 · 李

康纳是一个年轻有为的IT工程师，由于其出色的工作能力，入职不到两年，就被公司提拔为部门中的项目主管。康纳认为自己的业务能力要远远高过他人，才可以去领导、指点他们，因此他总是优先承担最重要的工作，之后还会去解答他人的疑问。康纳深受领导的信赖，导致其他的下属只能负责一些边缘化的工作，完全没有融入部门的项目中。不久，就有一名原来的部门骨干因为工作没有发展空间而选择离职了，而康纳成了部门里的核心人物，但是他感觉越来越疲惫。

哈佛大学管理理念认为，通过将职权和工作内容指定给某个人或某个团队负责时，被指定的人和团队会产生对组织的归属感、责任感和参与意识，这将极大地增强他们的工作能力和热情，提升对于组织的价值。同时，这种方式还能将管理者从繁杂的事务中拯救出来，使他们有时间去处理更为紧要的决策问题。总而言之，委派工作就是将工作分派给别人去做。

管理者有必要学习并充分掌握委派工作的方法，这可以使他们更专注于重要的核心任务。同时，这样做又能使普通员工的工作能力得到锻炼，激发他们的工作热情，提升工作价值。

有些管理者不在意委派工作的问题，认为可有可无，对于下属只需要简单交代一下工作就可以了。这些管理者显然没有充分理解委派工作会给他带来的好处：

（1）通过委派，让下属有接触多种类工作的机会，提高他们对于工作的热情；

（2）通过委派，让下属学习承担责任和进行决策，可以使他们体会自身的工作价值，寻找工作中的兴趣点；

（3）通过委派，激发下属独立思考的能力，工作潜力得以开发，使下属的工作信心增强。

目标任务的完成不是仅凭一个员工或者一个管理者就可以完成的，而是大家共同努力的成果。委派工作的方式，可以让工作团队更加流畅有序地运转起来，所有人各司其职，相互帮助，共同推进目标的完成。委派工作对于管理者有着诸多益处：

（1）将繁重的日常工作委派给下属可以减少自己的工作量，提高工作效率；

（2）管理者有了更多的时间，思考公司的重要决策，有助于提升自身价值；

（3）通过委派的方式，管理者更容易了解下属在各个方面的情况，方便日后工作的安排。

一个公司的管理者有效的委派，也会使公司从中获益，特别是当员工被授权可以在一定程度上作决策的时候。因为员工往往比管理者更接近客户、更熟悉公司的日常业务，他们能作一些决定一般对公司是有好处的。总之，恰当地委派工作可以使公司的业务运转更为流畅。通过各司其职、相互合作，公司内部的信息交流、物资分配、资金流动也会更加顺畅。

其实，企业内部是一个供应链，是一个流程，这个供应链包括信息的供应链，信息传播的通路、渠道和服务的供应链，也就是内部客户和外部客户，经销商和终端用户。

消费者和内部客户是业务流程的下一道工序，每一个部门，每一个岗位，都要为自己的内外部客户服务，包括钱流、物流、信息流和服务流等。要做到外部客户满意，内部客户平滑、流畅。如果组织内部的业务流程不顺畅的话，就可能会导致外部客户投诉，给公司造成不利影响。

各级组织和管理者向下委派工作，要能够做到人尽其职，控制有力，检查到位，提高执行力。同时，下属在委派的工作中也得到了锻炼，得到了成长，公司的发展才不会感到后继无人。由此可见，委派对公司、对管理者、对员工个人都有很大的好处。

哈佛时间管理小秘诀

在企业里面，管理者的重要任务是，发掘那些连员工自己都没有注意过的个人潜能，找到人才，为公司留住人才。委派工作就是让管理者发现人才的一个有效途径。

（1）委派工作是让员工承担管理者的一部分工作和责任，管理者对此要有充分认识。委派给员工的工作，一定是要与他相关的、合适的。

（2）将工作委派给员工时，也要赋予完成工作所需的权限，那样才能保证工作的顺利完成。此外，还要将工作的责任、权力、利益，清晰地告知委派对象。

（3）委派给员工的工作，就要让他们自己进行决策，除一定的监督和指导外，不要过多干涉。

（4）通过委派任务的方式，不仅可以锻炼员工的工作能力，更重要的是培养他们的职业责任感。

6. 做好委派工作的评估

驾驭时间的几项要点，即汇聚时间；取消一些工作；意识到别浪费下属的时间；寻找因组织机构方面的症结而造成的时间浪费的迹象，如不断发生的危机、冲突及频繁的会议等。

——彼得·德鲁克

乔丹本来是一家销售公司的普通员工，但是由于他业绩良好、为人稳重，不久前被公司任命为部门经理。乔丹为人非常谦虚、对人和蔼，工作效率又很高，在客户之间广受好评。

成为部门经理已经过去几个月了，乔丹在不断地适应自己的新职位。他开始学习如何给下属委派工作了，由于并没有人明确地指导他，他委派工作总是显得非常小心。尽管在一段时间的学习后，他已经有了不少的成果，但依然存在问题。

比如，他在委派工作中，发现了一名叫马克的下属，工作认真也愿意学习，于是非常看好他，就开始把一些重要的工作都交给马克做，而忽视了对其他下属的关注。马克被委以重任，但经常需要加班才能处理完工作，因此有了牢骚，而其他配合马克工作的员工，更因为没有被重视却还要加班，感到不满。

乔丹也发现了安排中的问题，并反思自己的做法。他认为自己不应该只关注马克，而对于其他认真工作的员工也应该多一些关心。后来，他又选择了几位可以培养的员工，将一些重要的工作交给他们一起承担。对于一些有意愿但是能力还不那么强的员工，乔丹也会委派给他们一些适合的工作，并积极地帮助他们提高。

哈佛大学的研究人员认为，要做到有效的委派工作，就要做好委派工作的评估。对委派工作的内容、委派的人员进行多方面的评估。

在进行委派工作之后，管理者应该对委派进行总结和分析，思考这次委派中自己有哪些做得好的和做得不足的，在以后的工作中要如何继续提升自己委派工作的能力。我们建议管理者可以通过下面这些角度来分析自己的工作技能：

（1）在委派工作前是否将自己对于员工的具体期望想清楚并用文字

记录下来，是否与员工在工作前进行面对面的交流？委派工作的前期交流是非常有必要的。

（2）在委派工作中，是否允许员工真正地自己解决问题，有没有让员工参与到制定目标等需要决策能力的工作中？员工在完成委派工作时对团队的管理工作完成得怎么样？

（3）将工作委派后，管理者有没有将自己的精力转移到组织管理和重要决策类的工作中？是否还将每日大量的时间浪费在烦琐的具体工作上？

（4）管理者在委派工作的时候，是否选择了最合适的人员？

（5）委派工作以后，管理者是否让员工自行去解决工作中的问题？还是依然介入过多？

（6）在委派工作的时候，管理者有没有就工作的责任、权力、利益等各种问题，对员工进行详细的说明？

（7）委派工作应该是可以帮助员工提升他的工作能力的。管理者委派的工作，是否是有利于接受委派的员工成长的？

（8）在遇到紧急问题的情况下，管理者有必要对员工进行支援，但要注意的是，不要过度参与，或直接帮助员工完成工作。

在工作中，如果遇到员工无法完成工作的情况，管理者不应该马上介入或主动帮助，除非员工发出明确的求助信号。当然，遇到严重的突然情况时，管理者可以帮助员工完成后续工作。

（1）在开始委派工作的时候，管理者需要讲明他对这份工作结果的预期，并告诉员工要一起配合做好这项工作，不应该只是告诉员工需要完成工作或者将工作责任推给员工，管理者也需要对员工的工作结果负责。

（2）管理者在委派工作时，不应该对工作的步骤进行具体安排，但要告知员工工作的细节和任务，具体的实施方案和如何操作需要员工自行安排。

哈佛时间管理小秘诀

一个优秀的管理者善于评估自己的委派技能，他们具有以下特点：

（1）了解自己的能力水平并充满自信；

（2）能熟练地进行时间管理；

（3）懂得帕累托最优法则，重视主要职责，关注其中20%最重要的事务。

善于委派工作的管理者会根据下属的能力、特长及实际情况分派不同的工作。在工作中，他们也会支持下属的做法，并在需要的时候进行一些必要的辅助，帮助下属更顺利地完成工作。

一个成功的管理者，必须把公司、部门、员工的目标都掌握在心中，这样才能统一规划，拉动整体发展。

7. 委派之前做好准备工作

用人不在于如何减少人的短处，而在于如何发挥人的长处。

——彼得 · 德鲁克

皮特是一家小型商贸公司的总经理，他工作十分勤劳、以身作则，每天要处理几十份文件，还要及时掌握海内外的最新消息。他每天在工作时都会感叹，要是自己有三头六臂就好了。每日忙得脚不沾地的皮特也曾想过给自己增加一个助理，但他很快又打消了这个念头，因为多一个助理，自己就又要多管理一个人，这样麻烦只会更大。毕竟，从每天早上进入公司的那一刻起，来汇报的下属们就一个接一个。

作为一个公司最主要的领导者之一，皮特最应该掌握的是公司整体的经营思路和有关公司发展方向的重要问题，其余具体、烦琐的工作，应该交给各个部门按部就班地处理。但是，皮特将自己思考公司核心问题的宝贵时间，浪费在解决一些普通员工就可完成的工作上，这样的工作方式不该出现在一个高层管理者身上，这样的管理也无法更好地带领公司向前发展。

一段时间繁重的工作之后，疲惫不堪的皮特终于意识到了问题。他开始把一些工作交给负责项目的主管们，让他们自己做好规划。同时，他还要求自己的秘书，必须把部门交上来的汇报先筛选一遍，然后再把最需要他处理的重要文件交给他。

一开始的时候，员工们都无法适应这种工作的方式，因为大家在皮特原先的管理方式下工作太久，习惯于奉命行事了。突然让他们自己思考如何行动，他们就有些不知所措。不过，很快员工们也适应了，因为有了自己做主的空间，员工们工作的积极性反而提高了，出现了不少新颖的想法，为公司发展注入了活力，公司又开始流畅地运作起来。而对于皮特来说，他再也不用一进门就被员工围着团团转，面对处理不完的琐事，他有了更多的时间考虑公司发展，工作时的状态也更好了。

哈佛时间管理理念认为，一个管理者要想最大限度地利用自己的时间，需要对下属委派工作，减少不必要的工作，集中精力做更重要的事情。

委派之前，管理者应该做好以下因素的分析：

(1) 整理自己手中的任务。如果发现负担过重，就意味着自己承担了过多不必要的任务。

(2)确定自己可以利用的人力、物力资源，有助于进行下一步的规划。

（3）全方面设想自己会遇到的情况，以及在各种情况中自己该如何选择，一定要尽可能考虑所有的情况。

（4）挑选出逻辑合理、可行性高的选择。

（5）除了理性分析以外，个人的一些直觉也非常重要。

（6）再一次全面地审查自己的职责。

了解自己要完成工作的方向，承担的职责、后果，并思考采取怎样的行动措施是有必要的。这有助于你再次制定工作的目标，也可以尽可能地确保一个正确的工作方向。如果工作方向发生错误，后续的一切活动都会朝着错误的方向越走越偏。

委派工作，先要做好准备工作，要确定你要委派下去的工作任务是什么。接着要认真地考虑一下完成这个任务需要的技巧和能力。然后，再把任务委派给合适的人选。

首先，作为一个管理者，你要知道，什么工作可以委派，什么工作不可以委派。作为管理者，你觉得你的工作量过大吗？如果是，你需要评估一下你的工作，然后看看哪些工作可以让别人来完成。不管这些工作是你喜欢做的还是不喜欢做的，该委派下去的时候就要委派。这些工作可能会给合适的人带来变化和挑战。

有些工作是需要特殊技能和经验的。如果这项工作太重要而不能委派给别人去做的话，那就想想看能不能多一个人来共同完成这项工作，让你的下属帮你分担责任。举例来说，如果你需要做一个广告文案，那就找一个写作水平比较高、有相关经验的人来写文字部分，然后再找一个有排版制图技能的人来辅助他。

当然，并不是所有的工作都要委派下去。作为一个管理者，你应该保留一些职责。比如：

（1）筹划、指挥，还要鼓励你的员工；

（2）对员工表现进行评估；

（3）复杂的客户谈判；

（4）需要你的特殊技能的任务；

（5）雇用、解雇和职业培训；

其他那些不该分配下去的任务，就要视具体情况而定了。

其次，要对委派的任务进行分析。选定了适合委派下去的任务后，考虑一下这项任务所包含的具体工作和所需的技能。任务分析就是对以下三个问题的回答：

（1）这项工作需要什么思维技巧？例如，解决问题的能力、逻辑性思维、决策、计划和有创造性的设计。

（2）那些必须要做的事，需要什么设备？例如，归档、使用文字处理软件、组织、培训及开发。

（3）完成这项任务需要哪些人际关系上的技巧？例如，和供应商交谈、为了获取资源而进行的谈判，以及向专家进行咨询。

弄清了要委派什么及需要的技能，接下来的问题是确定合适的人选。管理者在考虑委派对象的时候，要注意以下几个问题：

（1）该工作在哪些员工的工作范畴中？

（2）员工中有哪些人的兴趣和能力都可以承担？

（3）这份任务对哪些员工更具有挑战性？

（4）哪些员工愿意通过这份工作获得成长？

（5）有没有还未想到的合适人选？

（6）哪些员工的时间可以完成这份工作？

（7）哪些员工想要寻求发展或晋升？

哈佛时间管理小秘诀

我们可以将工作分为五种，根据不同的工作，是否可以委派也是有所不同的，下面进行逐个分析：

（1）需要管理者亲自完成的工作不能向下属委派。

（2）需要管理者做的工作，可以将一些基础性的工作委派给下属，当他们把前期工作都准备好以后，管理者再亲自处理核心关键的部分。

（3）管理者和下属都可以承担的工作，应该尽可能地委派出去。

（4）应该是下属承担的，但必要时需要为他们提供一定帮助的工作，应该委派出去。

（5）完全可以由他人完成的工作，一定要委派出去。

为了尽可能高效地完成工作任务，管理者们一定要清楚地分辨好自己手中的工作，及时委派分发出去。

8．有效委派的原则和方法

每一个管理人员应该清楚，他的成功是建立在整个团队的共同努力上，每个人的努力目标都是一致的。每一个在组织中的个人，对自己的工作都应有共同一致的观念。

——玛丽·凯·阿什

哈佛大学的研究者认为，委派是许多成功经理人最重要的技能之一，也是被很多没时间完成工作的超负荷经理人常常忽视的一个技能。有效的委派者总是花费很少的时间去完成工作，而将更多的时间放在策划这项工作、为下属组织资源并对需要帮助的下属进行辅导上。

而那些不能有效率地委派任务的主管，虽然用尽了时间，却还是被大量的工作压得喘不过气来。这样的主管需要找到委派工作的方法和步骤，懂得委派的原则，为有效的委派建立合适的氛围和环境。按照下面的原则去做，建立良好的氛围和环境其实一点也不困难：

（1）要非常明确你要做什么、什么时候完成及怎样衡量完成的结果。在这些问题上含糊不清只会让你失望。

（2）鼓励下属告诉你他们在工作上的兴趣及有多少时间来完成新工作。

（3）让大家对单位的总体目标形成共同的责任感。这可不是你一个人的目标。

（4）不要只把一些乏味或棘手的任务分给下属去做。相反，你还应注意把那些下属愿意做的有兴趣的任务委派给他们。

（5）通过委派公司里的重要任务，给他人创造事业上的机会。

（6）把工作委派给在判断力和完成能力上让你信任的人。这就需要你对下属和他们的能力非常了解。

（7）委派任务对你的下属来说是一个学习的机会，尽可能提供他们需要的培训和指导。

（8）出于信任，把一些条理清楚的工作委派给业务能力不算很高的职员。然后适当给予帮助，让他们很好地完成工作。

（9）无论何时，都要把完整的工作或项目委派下去而不是只让员工做其中的一小部分。这可以激励员工。

（10）监督工作进程并给予反馈。

（11）保持沟通顺畅。

要想有效地委派工作，主管还需要掌握一定的委派方法。在委派的时候，最好是把一项完整的工作、项目或者职责分配给一个下属。这样可以使得这项工作较好地完成。一个公司的主管只有掌握了一定的方法和技巧，才能有效地委派工作。下面是我们提供的委派方法，希望能对大家有所帮助：

（1）按任务来委派。这包括委派一项具体的任务：写报告、做调查，或者筹划一个会议等。

（2）按项目委派。按项目委派扩大了这项工作的范畴，也要求被委派的下属负有更大的责任。这方面的例子有：制作一个新员工手册、完成一个客户问卷调查或者培训新员工学习一个新的电脑软件。

(3)按职能部门来委派。这种方法的前提条件是管理者有下属部门，而不是仅仅只有下属。职能部门涉及的任务和项目往往与一项正在进行的工作有关，如销售、培训或者市场。在这个方法中，被委派者往往会被委派到一个职能部门，同时被委派者要随时向主管报告职能部门内的一切最新的工作进展。

哈佛时间管理小秘诀

在工作过程中，聪明的管理者会把不同方面、不同岗位的工作交错委派，让下属有更多的机会尝试不同种类的任务，这可以极大地增加下属工作的新鲜感，激发他们的工作活力。但在委派的过程中要注意以下两点：

（1）核心工作不可以委派出去

管理者通常需要去处理一些普通员工无法承担的，涉及公司核心的或特别的事务。这些重要的事务，一定不可以委派，经验不足的下属如果对这些工作处理不当，可能会带来难以挽回的后果。

（2）需要保密的工作不可以委派出去

管理者的工作中还常常涉及公司机密，这样的工作就不可以随意委派给下属。

9. 按照步骤进行委派

时间常常是一个组织中最宝贵的资产。对绝大多数高层管理人员来说，一个主要问题就是如何最有效地计划和安排他们自己的时间。解决这个问题对搞好管理是极为重要的。

——迪克 · 卡尔森

在对下属进行工作委派之前，需要与他进行谈话，告诉他这项工作选择他的理由有哪些。比如，他最近的工作非常认真、这个工作有助于提升他的能力、领导对他的信任等，通过积极地夸奖，在工作前增强他的自信心。

此外，在沟通的时候，还要关注他的心理状态、个人意愿，让他对将要开始的工作有一定的认知和主动性。管理者还需要对下属接下来的工作作出概括性的描述，告诉他在工作中需要承担哪些责任、会获得怎样的支持，以及工作完成后他的收益。

（一）委派沟通的原则

对下属进行委派工作前的交流时，一定不可以拐弯抹角，要通过简单、清晰、明了的方式进行对话。因此，在事前谈话的时候，管理者有必要记住三个方面：语言要简单明了；描述要准确清晰；交流要直接高效。

工作派发前的谈话是必须的。对于能力较强的下属，与他们讲清这份任务的职责、权力、利益就可以了。对于能力稍差的下属，则需要多一点时间帮助他们对工作进行分析，提供简单的指点。此外，还需要告诉他们工作完成度的衡量标准。

（二）委派沟通的方式

交流的方式千差万别，但在委派工作的时候，主要有下面几种。

（1）面对面地对话是最好的方式

在布置任务之前，将下属叫到合适的地点，面对面交流是最合适的方式。管理者可以通过下属的表情、动作等，及时地知道他的想法，帮助他更好地面对任务；管理者自己的一些动作，如拍肩等，也可以给予不那么自信的下属一些鼓励。在这种时候，动作的表达效果是最好的。

（2）电话沟通

由于电话沟通的便捷性，现在不少管理者喜欢通过打电话的方式给下属委派任务。但是电话的交流方式，可能会出现一些问题：

◆容易出现挂掉电话就不记得了的情况；

◆打电话的方式无法及时看到下属的反馈，不能做到很好地双向交流。

（3）多媒介沟通

多媒介沟通的方式多种多样，如口头、书面、体态、副语言等。

（三）委派工作的办法

在进行委派工作的时候要先制订好一个完整的计划，然后按照这个计划逐步实施。在这个工作计划里面，应该包括下面这些内容：

（1）清楚地描述这项任务、项目或职责。

（2）明确工作的意图并解释这项工作对公司的发展有着怎样的

意义。

(3) 评述一下员工职责的范围。

(4)介绍一下还有谁也将参与这项任务及他们担任的角色是什么。

(5) 讨论可能的完成期限。

(6) 建立评估工作表现、结果和职责的标准。

(7) 对于质量、时间和成本等要设定严格的标准。

(8) 明确员工有责任达到你所设定的标准。

(9) 说明可用的资源和可能获得的支持。

(10) 确定完成此项任务的原材料和物理资源及它们的可用性。

(11) 如果有必要,让其余的员工协助以实现设定的目标。

(12) 问问这个员工,他在完成这项工作中可能会需要哪些帮助。

(13) 如果需要特殊的培训和指导,商讨一下方式。

(14) 确定一个时间来评估一下工作进展。

委派任务给下属一般都包括权力的下放。所以,从一开始就建立清楚准则和期望值就显得格外重要。你要根据这个员工的能力和你对他的信心来决定究竟给予多大的权力。员工过去的表现是评估的主要标准。你还应该确定在保证完成任务的前提下需要给他的最小权力。

在确定了授权水平之后,你就可以将任务委派下去。记得要把决定通知给所有包含在这项任务中或受到任务影响的人。

哈佛时间管理小秘诀

委派工作,锻炼的不仅是下属,对于管理者来说也是很好的学习机会。因为,在委派的过程中需要与下属进行交流,这可以锻炼管理者的沟通能力,并增强他们对于下属的理解和信任,有助于双方更好地进行工作。委派沟通包括以下一些方面:

（1）将工作的目标、所需要的信息、期望得到的结果尽可能完整地告诉下属。

（2）将完成时间和工作绩效挂钩，与下属制定工作进度。

（3）如需要相关培训，提前告知下属时间和地点。

（4）提前规划好工作所需的资源和资金预算。

（5）与下属说明自己的预期，以及需要下属定期反馈哪些信息，通过何种方式进行反馈。如在每周五下班前，下属需要以表格的形式对本周的工作进行总结，包括完成的、进行中的、还未开始的等，然后通过邮件的方式传给管理者。作为管理者，一定要清楚地知道下属工作的进度。

（6）工作前，要把下属在这份工作中被授予的职权划分清楚，并将下属的相关情况告知其他将要参与这份工作的人。此外，还要告诉下属，在工作中如果遇到了困难可以向哪些人寻求帮助。

10. 控制与监督委派过程

授权就像放风筝，部属能力弱的话线就要收一收，部属能力强了就要放一放。

——林正大

理查德是一家商贸公司的销售主管，但是他在管理上缺乏技巧，只会随意地给销售员下达命令。比如，他给每一位销售员都下达到了同样金额的销售目标，完全不管现实情况，销售员如果达到了业绩目标就会获得奖励，反之就要以扣除工资作为惩罚。在他的安排下，公司内的恶性竞争非常严重，销售业绩也不断下滑，甚至消息外传，严重影响了公司的名誉。最终，高层不满理查德的无能，便将他解雇了。

在理查德后继任的销售主管叫布莱恩，他是一个非常聪明的人，为了挽救公司于低谷，他想出了这样一套办法：将公司内的销售员分为四组，组内按照个人能力进行职位分工。他又将公司的市场范围分为四块，四个销售组分别负责四个市场。对于业绩指标方面，他先下达了每个月的总体目标，考察了四个市场的现实情况差异，对四个小组分别下达了合理的具体任务。他告诉所有人，如果小组的目标实现了，每个人可以获得一些奖金。如果整体目标实现了，就可以获得更多的奖金。

通过这种方式派发任务，避免了销售员之间互相压价抢客户的情形，还促使他们互帮互助，共同为了总目标而努力，原本互相猜忌的销售员之间变得更加团结了。布莱恩这个办法实施的第一个月，公司业绩就突破了当月目标，结果令大家都感到满意。

哈佛大学的相关研究人员认为，对于一位管理者来说，他在委派工作时最重要的就是确保委派出的工作可以按时完成。因此，最好的办法就是通过预估完成期限和定时监督下属的工作内容来保证进展顺利。管理者有必要向下属规定工作日期，如“请下周一前向我汇报这项工作”“我们下周三下午来开讨论会”，管理者监督工作是其职责。管理者的监督，对于委派工作的完成至关重要，管理者也需要通过监督掌握关于工作的最新情况。

根据委派工作的任务量和所需时间，管理者可以和下属一同共享一份工作日志，以便及时了解下属工作的进展情况。这份工作日志，可以以在白板上书写的方式挂在办公室的墙上，也可以是下属定时向管理者发送邮件。方式是多种多样的，但最终的目的都是管理者完成监督任务和了解工作进度。

对于何时检查委派出去的工作也是有一定技巧的。过于频繁地检查下属工作会浪费管理者自己的工作时间，而检查过于松散或效率不高，则有可能导致工作无法按时完成。

因此，对不同的工作就需要制订不同的检查计划。制订的标准取决于工作量、难易度、员工能力等方面。如果委派出去的是工作量大、难度很高的工作，管理者就要对此多加注意。在这类工作中，一个任务的结束往往会成为下一个任务的开始，因此，一两天检查一次就很有必要。

工作结束和开始的时间段，是管理者检查工作情况最合适的机会。尤其是当你把一个困难的工作交给一个新人的时候，你就需要多花一些时间来关注工作的进展。为了工作能够顺利完成，你对新人的工作检查次数，应该是熟练下属的两倍，有需要的话，还应该提供更多的帮助。

除了定期对下属的工作进度进行检查以外，一个合格的管理者还要能经常倾听下属的汇报和意见，让下属觉得有人在关注并且乐意与他一起讨论工作中的困难，这可以加强下属在工作时的认同感。

在一般情况下，既然已经将工作交给下属去做了，你就应该对他的工作能力保持信赖。在大多数情况下，一周检查一次下属的工作进度就可以了，但你也要对他们说："有问题的话可以随时向我提问。"此外，让他们知道没意义的提问和打扰是不被你鼓励的。

你还要明确地告诉下属，每次向你汇报都需要哪些内容。比如，每周都完成了哪些工作、哪些正在进行、哪些还没有开始，在工作中遇到了哪些问题，又是如何去解决的。在听完汇报后，你需要再一次强调，希望他能按时、保证质量地完成任务，并督促下属接下来要继续努力。

哈佛时间管理小秘诀

在委派工作完成后对工作进行总结，对于管理者和下属来说都是一次很好的学习机会。总结中应该包括：这次工作中的优点有哪些？缺点有哪些？下次任务中应当如何改进？此外，管理者还需要做到：

（1）关注这次工作对于下属的影响，他发生了哪些变化。

（2）对下属工作出色的地方予以夸赞，可以的话，给予一定的奖赏。

（3）通过亲自指导或者任务锻炼、额外培训的方式，帮助下属获得成长。

管理者的认可对于完成工作的下属固然重要，但是一个好的管理者，还应该让参与这次工作的其他人员都能认可下属的工作，这可以极大增强下属的自信心。

对于公司内的管理者们来说，将工作委派给下属，是在时间上最高效的方法。将委派工作的方法运用得当，可以帮助管理者完成那些不必亲自完成的繁杂事务，而将注意力集中在更有价值和更具有影响力的工作上。

Lesson 5

克服办公时间管理障碍

如果你已经找出偷走时间的关键问题并加以改正，而且为自己制定了合理而有效的目标管理方法和自我时间管理表，但你的工作效率依然低下的话，只能证明一点：在朝九晚五的八个小时中，有太多的事情在影响着你，令你无法将本可以在上班时间完成的工作顺利完成。本章中，你将会看到克服工作中时间管理障碍的方法。

自我测试：你很善于控制自己的时间吗？

请在下面的题目中选择最符合自己的选项：

1. 你会为了逃避棘手的问题，而不断地找借口。

A. 同意

B. 一般同意

C. 不太同意

D. 不同意

2. 为了将困难的工作进行下去，你认为需要对管理者施加压力。

A. 同意

B. 一般同意

C. 不太同意

D. 不同意

3. 你会采用妥协的方法来避免过于麻烦的工作。

A. 同意

B. 一般同意

C. 不太同意

D. 不同意

4. 你认为自己不能完成重大任务的原因，是受到了太多外界干扰。

A. 同意

B. 一般同意

C. 不太同意

D. 不同意

5. 当你要被迫选择你并不愿意的选项时，你会想办法逃避回答。

A. 同意

B. 一般同意

C. 不太同意

D. 不同意

6. 你不太在意对于工作计划的跟进和管理者的监督。

A. 同意

B. 一般同意

C. 不太同意

D. 不同意

7. 你会把你不愿意做的工作交给别的同事。

A. 同意

B. 一般同意

C. 不太同意

D. 不同意

8. 你经常把重要工作拖延到晚上或者周末。

A. 同意

B. 一般同意

C. 不太同意

D. 不同意

9. 你在感觉疲惫的时候，往往无法继续进行工作。

A. 同意

B. 一般同意

C. 不太同意

D. 不同意

10. 你在进行工作前，会把桌面收拾干净。

A. 同意

B. 一般同意

C. 不太同意

D. 不同意

每一个“同意”评 8 分，“一般同意”评 6 分，“不太同意”评 4 分，“不同意”评 2 分。

总分在 40 分以下，表示你虽然有一些偶尔拖延的毛病，但还不是拖延者。总分在 42—60 分，表示你已经是一个拖延者了，你应该在工作生活中注意并进行改正。总分多于 60 分，表示你或许已患上严重的拖延毛病。

1. 如何应对不利的文化背景与工作环境

要打发时间就得多干事情，这是大家公认的事实。俗话说“真正忙的人是匀得出时间的”就是这个意思。

——洛夫 · 帕金森

由于工作能力突出，布朗在一个月前被公司的管理者任命为部门经理。这让布朗非常兴奋，觉得自己终于可以在更高的平台上展现其聪明才智了。然而，在提升之后布朗却被新工作搞到晕头转向，他觉得有许多因素阻碍着他合理地分配自己的时间。他知道他所负责的新任务是具有挑战性的，但是他又不希望完全失去控制。他所在的工作环境比较混乱、嘈杂，让他无法安静地去分配时间，正常地进行工作。他经常被公司其他的同事呼来唤去，被他的管理者、同级管理人员以及他自己写的报告牵扯进各种毫不相干的会议中。

布朗的脑子一直在高速运转着。他有太多的文件需要处理，桌子上的文件一摞一摞地增加，而且每次他从文件堆里抽出一些准备处理的时候，就会有人要求他尽快去做其他事，要不就是电话开始响起来，要不就是电子邮件突然出现在他的显示屏上，要不就是又有一个会议要开始了。

一天晚上，虽然已经下班了，但是他还一个人待在办公室里，没有电话，没有电子邮件，只有布朗和大量的文件。然而，布朗还是不知道该从哪里做起。最上面的文件？那摞文件可能是最重要的。最下面的文件？那一摞大概是时间最久的。布朗不禁叹息。他怎么会落到这种地步了呢？原来他一直是一个工作效率很高的员工，总能有效又准时地完成各项工作，他那时真的是在享受工作。可为什么他作为一个管理人员就失去控制了呢？怎样做才能让他搞清楚自己应该把精力集中在哪里？怎样做才能使他重新掌握自己的时间？这些让布朗感到很头疼。他需要找到行之有效的解决办法。

研究人员发现，许多人在管理时间的过程中会遇到一些障碍和问题，比如一个混乱、嘈杂、高要求的工作环境，或者一个受干扰影响的文化氛围。

你在每天的生活中，遵循合理分配时间和管理时间的原则，不断地学习、训练、坚持以及自我认识。在你开始朝着自己的目标努力工作和调整自己的日程表的时候，可能也会遇到妨碍你有效利用时间的各种障碍。

这时，你要辨别你所遇到的障碍，不要被这些障碍压垮。先一次处理一个障碍，然后把各种障碍分开，最后努力解决掉它们。

你要知道，即便对于那些干扰影响最大的和具有很强时间敏感性的环境，合理分配时间的原则也是适用的。凭借着尝试、悟性和决心，相信你能够学会合理地分配自己的时间。

如果你所在的公司企业文化是建立在顺畅的沟通交流、持续的团队配合以及不断地协同增效的工作氛围基础上的，你可能会感到振奋。但是，这样的企业文化也可能容易令人分心。即使你已经安排好时间去完成某个工作，也不能保证不发生类似于某个人突然出现，或是某件事情突然产生这样的状况。由于出现的干扰问题可能很难解决，所以需要你能够适应它，找到解决它的有效办法。

如果你是一个管理人员，想高效率地工作，就要采取几个方法排除浪费时间的因素。你可以关上办公室的房门，表明现在不是适当的交流时间。你也可以利用这些干扰因素，同时做几件事情。把正在进行的每个项目的待办事项清单详细地记录到你的电脑上，以便随时查看。

有时候，太平易近人也不是一个有利于时间管理的因素。你每天需要花费大量的时间与他人进行交流，再花上整个晚上的时间去做本来应该在白天完成的工作。当别人进来见你时，你要问清楚他要讨论的是什么问题，是不是你能够或者必须马上去做的。如果不是，就可以把它们列在清单上。你还可以拿出你的清单，和他自信地研究你们两个应该讨论的问题。

此外，你还可以通过预先安排定期的会议将别人的干扰降到最低程度，同时检查经常出现的干扰问题的类别，试着改进应变计划。

哈佛时间管理小秘诀

很多时候，你可以用授权的方法来排除干扰问题。但是，如果是只有你才能够解决的干扰问题，就马上去处理，以便你可以回到你的优先事项上去。即使排除干扰花费了你半天的时间，但你仍可以把精力集中在这天剩下的时间上。

你不需要一直为来访者敞开房门。在某些情况下，你也许会发现，拒绝与没有预约的来访者见面是较好的做法。

（1）问清楚来访者是否有紧急事件，或者来访者的事情是否可以马上完成。

（2）在可能的情况下，与来访者约定一个合适的会面时间。

（3）在可能的情况下，将来访者推荐给其他合适处理问题的人。

（4）如果一定要处理来访者的问题，那么你可以先将手里的工作做个记录，以便在处理完突发事件后，还能顺利地继续你原本的工作。

如果是必须处理的特殊事件，放下你手里的工作，开始处理突然事件，然后想办法重新回到你之前工作的状态。虽然，这对大多数人来说是有些困难的事情。

2．整理杂乱无章的工作空间

人若把一生光阴虚度，便是抛下黄金未买一物。

——萨迪

艾薇儿在一家大型的跨国公司工作，她是一个非常聪明的女孩，很善于整理杂乱无章的工作空间。在公司里，她帮助同事整理和布置他们办公室里的空间，使他们能用最有效的方式去利用他们的空间。艾薇儿的这个优点与她养成的习惯密不可分。

而最开始，艾薇儿是在一个非常凌乱的房间里成长的。有一天，她的一个小伙伴艾丽来找她玩。当她走进艾薇儿房间的时候，她难以相信艾薇儿住的地方竟然会那么乱，于是她把艾薇儿讥讽了一番，这让艾薇儿感到很尴尬。从那以后，艾薇儿就开始把房间整理得井井有条。时间长了，她就养成了整理房间的好习惯，也很善于整理杂乱的空间。不久之前，她和丈夫在她的表哥家借住时还帮助表哥整理了一下房间。她在表哥家做饭的时候，经常找不到奶酪，因为奶酪总是被放在不同的地方。于是，经过表哥同意后，艾薇儿花了四个小时的时间重新把厨房整理了一下。

艾薇儿经常对同事说："人们遇到的最大问题就是觉得自己已经被压垮了。他们不相信自己可以花四个小时的时间去收拾东西，整理办公室。没有一个人这样去做，除非是以此为生的人。所以不要去想你需要花费四个小时的时间去经历这个过程。你首先要做的就是，认识到你办公室里的每一件物品都需要一个位置来放置。从这里开始，你可以把整个事情划分为几部分来完成。"

有时候，艾薇儿也向一些新来不久的同事介绍自己整理工作空间的经验："我把大量的时间投入如何整理我的笔记本电脑里的文件夹上。比如说，每个委托人都有一个文件夹，而在每个文件夹里都有一个单独的文件夹——像是建议、应交付的资料、笔记等。确切地知道每件东西的位置，让我的工作变得很有效率，我也因此节省了许多时间。"

哈佛时间管理理念认为，善于整理能帮助人们变得更有条理，而整理杂乱无章的工作空间则有利于节省工作时间，从而提高工作效率。

对于许多人来说，组织安排环节上的不足会妨碍他们有效地利用时间。办公桌上的纸张、信件、文件夹和收据让他们的工作没有头绪，无从下手。这样的人需要对存在不足的组织工作、杂乱的工作空间，找到解决的办法。下面是我们给大家提供的合理建议：

（1）有效的计划。你办公室的物品不能杂乱无序，你需要为它们都找一个合适的位置。花费十几分钟的时间，列出一个放置物品的计划清单。你所做的都有哪些文书工作？你能够用哪种柜子和容器保存这些物品？列出需要保存的物品以及你准备如何放置它们。

（2）彻底清理你的办公桌。清理办公桌的时候，你可以用一个能够循环使用的盒子、垃圾桶或是垃圾便利袋。把你所有的东西从办公桌上和抽屉里拿出来，堆成一堆，然后清扫桌子。这样做会让你觉得很爽。不要在乎现在堆成一堆的东西，因为它们再也不可能和以前那样杂乱无章、胡乱摆放了。

（3）丢弃不需要的东西。当你把桌子清理干净的时候，把不需要的东西都丢掉。因为你存放的物品越少，你就越可以节省自己的时间。你只需扔掉那些你清楚地知道你不想要的东西。如果有些东西你不能确定是否还能用得着，还是把它放在那堆东西里吧。

（4）购买新的物品。你需要列一份购物的清单，同时要记住，要有能够适用于差不多所有物品的盒子。去一家销售办公用品的商店，在那里你能够买到多数或是全部你需要的东西。也可以去卖工艺品的商店，那儿有漂亮的文档盒，还有存放铅笔、CD 和其他物品的容器。

（5）把所有物品分门别类地收好。你可以准备两个收纳盒摆在办公桌上顺手的位置，一个用来装你马上要处理的工作和文件，另一个用来装你每天工作都需要用到的工具。你要灵活掌握，可以把这些物品来回改变位置。在你完成这些工作后，你还是有一堆东西堆着，但是你的办公桌确实已经能够正常运转了。

（6）学会从细节上调整你存放物品的方式。现在你有自己存放物品的计划，你从那堆东西里拿出来的大多数物品都应该有一个放置的地方。把它们扔掉，或是把它们放在适当的地方，抑或安排一个新的位置存放。花几分钟的时间来解决这堆东西的存放问题。

（7）调整你的工作空间。到周末的时候，你的办公室可能已经不再是良好的状态了，但还是比先前的情况要好很多。你也许发现你用来装待办工作资料的盒子没有放在比较方便的地方，或是那个盒子装得太满了，但是至少你有一个存放待办工作资料的盒子。你应根据你的优先事项原则不断地调整工作空间。你也许需要把两个类别合并为一类，或是把一个大类别分成两类，但是调整一下盒子比重新整理一大批东西要容易得多。

哈佛时间管理小秘诀

在整理办公桌的时候，还有一些小窍门值得大家借鉴：

（1）组合法

当你办公室里需要的东西多时，你可以购买那些具有两个或者两个以上功能的物品，这样就可以为你节省不少空间。一些多功能物品，比如结合了手机座和便签夹的摆件，它们可以有效节省办公桌上的空间。

（2）挂法

办公室里的一些物品是可以挂起来的。所以，你千万别忽略了办公桌之间的半堵“围墙”或者你办公室里的墙壁。你可以把台历换成挂历，挂在隔板上或者墙壁上，也可以把台历当月的单张撕下来，贴在隔板上，这样看日期就更清楚了。另外，办公用的中性笔也可以挂起来，在笔的头部系上一根线，在隔板上粘几个挂钩，把笔挂在上面，这样就省去了笔筒的位置了，或者购买一些弯曲笔，它们不用系线就可以弯曲成挂钩状挂在隔板上。

（3）分类法

如果你的文件在办公桌是分成几摞的，比如第一摞是昨天已经处理好但未上交的文件，第二摞是今天要处理的文件，第三摞是辅助资料，第四摞是……在这种情况下，你需要采用分类法。书架已经规划好了几个区域，只需按类把文件、资料、书籍等装入其中即可，然后在正面贴上标签。

（4）收纳法

如果办公桌上零碎的小东西太多，最好的办法就是买一个收纳盒，把办公用具、名片、便笺纸等小东西分类塞进去，这样不仅方便使用，也让办公桌显得整洁很多。

3. 与管理者步调保持一致

“认识你的时间”，只要你肯，就是一条卓有成效之路。

——彼得 · 德鲁克

卡恩是一家广告公司的职员。他原本在一个工作岗位上干得非常出色，但管理者却突然把他调到一个偏远的地区开拓市场，而偏偏那个地区开展业务又特别困难。为此，卡恩怨声载道，他不断地跟身边的朋友说：“我工作那么努力，成绩斐然，但是现在非但没有升迁，反而被调到偏远的地区，在那么糟糕的部门工作，这不是逼着我辞职吗？”

但实际情况却是，卡恩的管理者觉得卡恩是一个不可多得的人才，不过太年轻，办事欠妥当，还不能够深思熟虑，因此决定派他到其他地方锻炼一下，以备将来委以重任。

当卡恩把辞职书递到管理者的办公桌上时，管理者问他为什么辞职。卡恩抱怨道：“我觉得在新的部门没什么发展前途，在那里开展业务太困难了，去那里工作是在浪费时间。所以，我决定辞职了。”

管理者摇了摇头，然后微笑着对卡恩说：“你太不了解我的心思了。我觉得你是一个人才，将来会有机会能够出人头地的。现在把你派到那里是为了锻炼你的工作能力。在那个地区，虽然开展业务很难，但是能够磨炼你的毅力，能够让你更加成熟，提高你的工作水平。你仔细想一下，我们公司这几年发展迅速，市场占有率逐年上升，需要的人才越来越多。如果你的业务能力更强了，将来肯定有更大的发展。”

卡恩听了管理者的话，恍然大悟，于是收回了辞职信，心情愉悦地回去工作了。

哈佛大学商学院的教授艾米·埃德蒙森提出，团队应该为员工构建一种心理安全感，而组织领导者应该发挥积极的作用。当然，作为员工，在工作的过程中，也要坚持一点，那就是要跟得上管理者的思维，与管理者步调保持一致。这样，你才能忙碌在点子上，为公司贡献更多的力量。

与管理者步调保持一致是员工和管理者实现合作双赢的重要前提。如果你的管理者总是抱怨你不够机灵，交代过多少次了都不明白，那么，你就有必要反省自己，在领悟力上下功夫，否则，你将很难得到管理者的赏识。

作为一位下属，你的脑子一定要转得快，要跟上管理者的思维，这样才能够成为管理者的得力助手。为此，你不仅要努力地学习知识技能，还要向你的管理者学习，这样才能弄明白管理者的意图。

很多时候，管理者由于各种原因，可能不能将自己的想法直接清楚地表达出来。这时，如果你是个善于观察的人，通过管理者的细微表情、动作变化，领悟到他真正想要表达的内容，你一定会获得管理者的认可。要领会管理者的意图，还要善于进行换位思考。然而，实际生活中却有很多人不懂得与管理者进行换位思考。

正如哈佛大学亚瑟·乔拉米卡利博士所指出的，人们应培养出良好的共情能力。事实上，很多人事业上未能有所成就，常常是由于不会换位思考。所以，我们在工作和生活中，都应该学会更好地去理解他人的想法和思维。许多职场人士认为，在他们所从事的事业中，给予他们最多帮助的是依照管理者的办事习惯去做分派给自己的任务。因为他们知道，虽然他们有自己的想法，但是能力远远不如他们的领导。他们都熟悉自己的管理者，在做每件事情的时候，他们都模仿他们的管理者，并赶到他们前面。经过这样的努力，他们最终锻炼了自己，成就了自己。

哈佛时间管理小秘诀

一个人应该与管理者进行换位思考，生存和发展就是你首先要想的事，你也应该具备以下能力：

（1）有责任心，爱岗敬业。管理者喜欢什么样的员工？管理者喜欢有责任心的员工，有责任心的员工让管理者放心，让管理者省心，管理者在与不在一个样，把工作交给这样的员工，他会当作自己的事来做，丝毫不会走样。

（2）养家的能力。员工还是很在乎每月发的工资的，因为那些钱是他养活自己养活家人的钱。有人说员工太小气，太计较，三元两元的钱也算，但那是他们辛苦挣来的。而且，生活中的花销确实也不小，他们必须精打细算，让自己具备养活自己家庭的能力。

（3）干一行爱一行的能力。员工从事的行业不一定是他的专业，不是他想干什么就干什么，不懂怎么办？用心学，还得学好，学精，不然在竞争非常激烈的今天，说不定什么时候就下岗了。所以你必须干一行，懂一行，爱一行。

4. 简化工作中的问题

一个有真正大才能的人却在工作过程中感到最高度的快乐。

——歌德

14 世纪，英格兰的逻辑学家奥卡姆的威廉对当时社会上持续的关于“共相”“本质”之类乏味的理论争辩感到十分厌倦，于是威廉著书立说，认为应该只承认确实存在的事物，而那些空洞无物的争论都是无用的，都是累赘，应当被坚决予以“剃除”。他所主张的这种精简的思维，后来人们概括起来，就是“如无必要，勿增实体”。这种思维后来也被称为“奥卡姆剃刀”。几百年来，“奥卡姆剃刀”在科学、哲学等领域都得到了很多的应用，包括企业管理。现代企业不断地发展，但在管理上也常常讲求“把复杂的问题简单化，把混乱的事情规范化”，这和“奥卡姆剃刀”的思维与运用也有相似之处。

哈佛时间管理理念认为，提高人工作效率的最重要的方法就是将问题简化、避免复杂烦琐的安排。

无论我们在工作和生活中要处理哪些问题，能简单解决的办法永远都是最好、最合适的办法。约翰·斯卡利曾说过：“未来属于简单思考的人。”因此，每一个在职场中工作的人，无论是管理者还是下属，都有必要思考一个问题，即如何能将面对的复杂、困难的问题，用最简单、高效的方法来解决？

简化工作的时候，非常重要的一点就是简化问题。这就需要你合理地对自己的工作进行组织规划，比如提前预估好这份工作中需要完成几个小的事项，分别需要多少时间等。虽然在实际操作的时候会遇到各种突发情况的阻碍，但是你依然需要尽力依照你的计划，按时进行工作，并作出总结，虽然会跟最初设想有所差距，但一定能提高你的效率。

通过简化问题的方式，可以把我们有限的精力集中在眼前最要紧的工作上。因为在高强度、烦琐的工作中，如果我们不能保持清醒，用简单的思路来分析工作，有效解决工作中的问题，我们就很难完成制定的目标。

在做一件事情的时候，你应该问自己三个这样的问题："能不能取消它？""能不能把它与别的事情一起做？""能不能用更简单的方法完成它？"在这三个原则的指导下，你就能够把复杂的事情简单化，做事效率也就能明显提高了。

简化工作可以从工作中的一些细节方面入手。例如，可以通过有效地利用办公用具达到简化工作的目的。

（1）有效地利用名片简化人际管理

名片不仅仅是记录姓名、电话的纸片，还可以利用名片简化人际管理。当一位刚结识的人递给你一张新名片后，你应该在名片上及时地记下你们见面的时间、地点、会谈的主题和重点、由什么人介绍你们认识，以及双方约定的后续接触事项。

（2）合理地利用记事本

在记事本中，你应该分成四项来登记：常用电话号码、待办杂事、代写的文件、待办事项。事情办完后，就可以用笔把它划掉。

如果你觉得记事本的内容比较复杂，你可以用不同颜色增进效率。比如说用红色的笔代表紧急的事情，黑色的笔代表一般的事情。总之，要用不同的颜色标出事情的优先顺序和重要程度。

（3）做好环境管理

一个人的工作效率与他所处的工作环境有很大关系。办公环境的杂乱往往会使一个人在烦躁中度过效率低下的一天。不管你是一个高级主管，还是普通的员工，如果不注重收拾自己的办公环境，就可能在找东西上浪费很多时间。

每天下班的时候，你应该收拾一下你的办公桌，将第二天不需要的文件、工具收到抽屉里面，第二天还需要继续使用的，整理好摆在手边。这样，当你再次来上班的时候，看到一个整洁的桌面，也会有一个好的心情去开始新一天的工作。

哈佛时间管理小秘诀

想要将简化工作变成一种习惯，贵在执行。下面是一些实用的简化工作的方法：

（1）在开始工作前将工作的目标和要求了解清楚，这可以有效地帮助你在工作中少走弯路，也能帮助你减少工作中的错误。你要知道自己应该做什么，工作的目标对你有什么样的影响？这个目标对你有什么意义？当你搞清楚这些的时候，再进行工作。

（2）主动提醒上级把工作按照优先顺序进行排列，这样可以大大减轻工作负担。

（3）当没有必要进行沟通时，不要浪费时间。当完全没有必要进行沟通时，不要浪费自己的时间和精力进行沟通，尝试让同事或者客户改变什么。

（4）专注于工作本身。在工作中，你应该专注于工作，而非各类有关绩效考核的名目。

5. 组织目标的缺失

目标明确的人是一个永远没有闲暇的人，同时也是一个无所畏惧的人。

——博得·舍费尔

麦凯恩是一家跨国公司的一名普通员工。他虽然在公司里职位不高，影响力也不大，但他是个工作很勤奋的人，同时也非常善于利用时间，工作效率非常高。

一天，公司的首席执行官紧急宣布了一个控制成本的政策，他把这个工作分派到麦凯恩所在的部门，还规定了一个紧急期限。首席执行官匆匆地宣布了政策后就离开了公司，到另一个城市出差了，根本没有与麦凯恩等人商讨政策的具体细节。

麦凯恩和部门的其他同事被要求降低成本，提高工作效率。但不幸的是，这个控制成本的政策并没有一个明确的标准。

麦凯恩他们不知道该如何降低成本。首席执行官是想在所有项目的消耗上降低成本，还是仅仅在某个个别的消耗上降低一定的百分比呢？或是仅仅想在总数上看到一个具体的数字，比如说降低了200万美元的成本？麦凯恩他们不清楚，首席执行官也没有明言。

结果，麦凯恩及其同事工作起来非常困难和混乱，对目标充满了迷惑，最后也没有取得什么成果。

每一个公司的管理者都有责任为自己的下属确定明确的工作目标，确保自己的下属为实现既定的组织目标卓有成效地工作。一位管理者的基本工作，就是给下属制定工作目标，并向下属要工作结果。然而，在实际的工作情况中，许多管理者由于种种原因，反而给下属的工作制造了困难。尤其是当双方对工作目标的理解不能统一的时候，“矛盾”就出现了。

哈佛大学的研究人员认为，目标是一切时间管理的出发点。缺乏明确的目标，我们就失去了评估时间利用情况的基础，也不能够做到把任务按优先等级排序，更不知道什么重要、什么不重要。如果目标不明确或者让人难以理解，那么，时间管理本身就成了一种时间上的浪费。

在工作中，清楚目标制定的意义远比了解实现目标的方法更为重要。知道了为何要制定这个目标，才能系统规划手中的工作，进而调整个人精力，更加高效地投入工作目标中。分清工作的轻重，优先集中处理最重要的事情，是最高效的。如果对目标的意义不清楚，导致在完成目标时分心，反而会更多地影响工作的效率。

如果管理者没有写下确定的目标，没有确定相应的时间期限，没有使目标充满挑战，也没有相应的衡量标准，没有确保目标和公司战略之间的相互关系，那么，下属的工作就没有目的，也没有办法给一系列的任务按照优先程度确定先后次序。

一位优秀的管理者需要在设计目标这件事上不断地磨练自己。因为如果设计出的目标没有可行性，那么再完美的目标也无法发挥出任何价值。对于现在的管理者，特别是许多年轻的管理者来说，设定一个目标仿佛特别轻松，但问题是，如何能在实践的道路上切实地以自己设定的目标为导向。许多人在工作开始之初，不断宣称自己要达到目标，在过程中却由于各种各样的原因逐渐偏离了轨道，这时候你就把你的目标丢掉了。比如，在商业经营中获得更大利益是核心目标，可以通过提高产品质量、满足消费者不同需求、将产品划分不同档次等方法，但是有些人却在实践中以攻击竞争对手为目标，采用不当方式获利，这就是一种目标的迷失。这种不恰当的目标，反而会限制住公司的发展，并造成大量的资源浪费。

哈佛时间管理小秘诀

在实际的工作过程中，你的管理者有没有有意或无意地制造这样的障碍限制你的能力和效率呢？如果有的话，你是采取什么方法进行解决的呢？如果你的管理者的行为限制了你的效率，浪费了你的时间，你就要：

（1）请他给你们专门召开一个会议，讨论一下工作的具体目标。

（2）在会议中，共同为近六个月和明年设定目标。

（3）要确保目标具有具体性和可度量性等。

（4）确保大家都认可这些目标的重要性，并保证与公司或单位的战略协调一致。

（5）要时刻留意目标和公司奖励系统之间是否契合，确定你为实现目标而工作可以得到奖励而不是惩罚。

（6）思考一下自己完成任务的能力。你是否具备相应的技能和资源？如果没有，让管理者帮你安排额外的培训和资源。

一旦你们的意见统一了，把目标写下来，并保证把这份文件放进你的个人文件夹。在一段时间之后，再次和管理者讨论一下你的工作进度，并确认目标是否还有意义。要注意环境的变化可能让你的目标变得毫无意义。

6. 缺少清晰的方向

有些人活着没有任何目标，他们在世间行走，就像河中的一棵小草，他们不是行走，而是随波逐流。

——小塞涅卡

乔丹是迈阿密市一家公司的一个经理，具有很强的工作能力，善于规划时间和沟通，是生产部门的一个重要领导人和技术人员。他的管理者叫斯坦，斯坦虽然工作经验非常丰富，可他办事却非常没有效率。有一天，为了完成总裁分派下来的任务，斯坦把乔丹和其他两个生产经理叫到他的办公室里，匆匆忙忙地开了一个小型的会议。

斯坦说："伙计们听着，我希望你们每个人都能够放下手里的工作，每人给我写一份关于流水线上新产品的详细报告，以及你们希望这些新产品今年和明年能够给我们公司带来多大的利润。"斯坦还规定了上交报告的截止日期：第二天下午3点。

回到自己的办公室里，乔丹便把手头的工作推到一旁，开始专心致志地写新产品的报告。花费了七八个小时后，他终于把报告写完了。把报告交给斯坦后，乔丹便继续忙原来没有完成的工作。

第二天下午，斯坦把乔丹和其他两个经理一起请到办公室里。这次他告诉乔丹他们，乔丹三人并没有按照他想要的格式写报告。在斯坦的脑子里有一个特殊的格式，他希望乔丹他们能够把现在的产品利润也加到这份报告里。

乔丹听了斯坦的话，无奈地摇了摇头：为什么斯坦没有在当天就把这些告诉他们呢？所以，乔丹不得不回去重新撰写报告，其他的两个生产部门的经理也是一样。

第三天，当乔丹把报告交给斯坦的时候，斯坦满意地点点头。从斯坦的办公室里走出来的时候，乔丹想：总经理什么时候才能够把具体的要求及时地说清楚，而不耽误下属和自己的时间呢？

很多公司的高级管理人员由于种种原因，没有清晰地说出自己希望下属怎样去执行自己分派下去的工作任务。

研究人员认为，之所以出现这种情况，其中一个原因就是管理人员为了让下属拥有自行解决问题的空间，减少自己过于细致的指点。这一现象在一些科学研究机构中尤为常见，实验人员需要在没有具体要求的情况下，自己应对工作中可能出现的各种问题。管理人员需要看着充满天分和创造力的员工找到最佳的解决方式。比如，管理者提出这样的要求："我们需要设计一款省油的军车（在平坦的道路上每升行驶10千米），还要能在崎岖不平的山路上行驶，并能在受到小型武器攻击时保护驾驶员和乘客。"员工们仅仅被告知结果应该是什么样的，然后承担设计生产的责任。

这种"结果导向"的管理模式，可以为那些事务繁多的管理者省去许多麻烦。在这种模式下，只需要提供好足够达到目标的资源，然后对完成工作的下属进行鼓励就够了。

但在有些情况下，像上述例子中提到的斯坦那样的管理者，可能因为某种原因而需要自己的下属采用某种特定的方法来完成工作任务就应当说明白要做什么以及如何去做。管理者还应该就这项工作的特点和自己的具体要求与下属进行有效的沟通，否则就可能会浪费下属的时间，还降低自己的威信。

如果你的管理者没有在工作中给你指出方向的习惯，习惯于等你完成工作后再评价你的工作方法，并对工作效率有很大影响的话——你必须找到有效的办法解决这个问题。当你接到工作后，可以根据工作先列出一个行动计划，然后拿去给他看。告诉他：“如果我这么做，您觉得怎么样？”然后根据管理者的意见把你的工作计划进行修改，修改完后再拿给管理者看，等管理者确定了，你再按照你的计划进行工作。如果你经常这么做,可以给自己节省不少的时间,久而久之,工作会更加高效。

哈佛时间管理小秘诀

一个管理者要善于分派工作，如果有可能，同时告诉下属采取什么样的办法来完成工作。也就是说，管理者要找到分派工作的最好办法。

（1）委派工作之前，有必要告诉下属这项工作选择他的原因，尤其是要说明积极的方面。必须让下属知道，他有与众不同的地方与这份工作非常相配；你也对于他的工作能力十分信赖。此外，还要告知下属，这份工作中需要他承担的责任，以及如果这份工作能够出色完成，对于他有哪些益处。

（2）在工作前向下属交代清楚，关于这份工作你所知道的一切。比如，为什么会有这份工作、是谁提出了这份工作、工作中服务的对象有谁、出现问题可以向谁寻求帮助等。一定要尽可能地将所有问题讲清楚，特别是你对这份工作结果的要求。此外，如果你之前也做过这一方面的工作，可以将你的工作经验分享给下属，这有助于下属达到你所想要的结果。

（3）给下属制定好工作的截止日期，并告知他工作期间应当在哪些时间点汇报工作进度，以及你需要他汇报的内容有哪些。

7. 改掉办事拖拉的习惯

想做的事情，立刻去做。

——比尔·盖茨

哈莱德·桑德斯上校是肯德基快餐连锁店的创始人，他创办肯德基的时候已经60多岁了。那时的他，只身一人，过着拮据的生活，这让他感到十分郁闷。但是，他没有怨天尤人，而是静下来问自己：“我活着还能为人们提供什么帮助吗？”他想到了自己做出的炸鸡，吃过的人都对他赞不绝口。他的脑海中出现了一个大胆的想法，如果可以把自己的炸鸡秘方授权给更多的餐馆，一定能卖得很好，而自己也可以借此改善生活。

好想法很多人都会有，但是桑德斯跟其他人不同，他想好后，就立即采取了行动。他走进每一家餐馆，把自己的想法告诉他们：“我很擅长炸鸡，吃过的人都说好。现在我想把我的秘方授权给你们。如果你们愿意将炸鸡在店里售卖，生意一定会很火的，而我希望从炸鸡的营业额中拿到提成。”那些餐馆的老板有的比较委婉地拒绝了他，有的则直接拒绝了他。

桑德斯并没有因此而失去信心，而是继续准备，试图用更有效的方法说服下一家餐馆的老板。

最终，桑德斯还是说服了一些餐馆的老板接受了他的秘方。在被接受前的两年时间里，他驾车走遍了很多城市。他也被拒绝了无数次。

桑德斯上校成功的秘诀不仅仅是一份美味的炸鸡，他还有一种立刻行动、拒绝拖延的行事方法，这是每个成功人士都会采取的做事方法。

如果想要追求自己的目标，那你就要在制定好目标后立刻开始行动，万万不可以拖延。如果你没有在第一时间行动起来，很可能就已经错失了最重要的机会。

奥格·曼狄诺常常告诫自己："我要采取行动，我要采取行动……"通过不断地重复，他让自己在日常生活中变得更加积极，不断地去尝试各种行动，改变自己的人生。哈佛大学学子蒂姆·厄本也做过一个《走进拖延症的心理世界》的演讲，他在演讲中讲述了人如何直面拖延，然后去尝试改变。拖延，确实是很多人的一大困扰。

生活中，很多人之所以会失败，一个重要的原因就是他们办事经常拖延，不能迅速解决问题。这种习惯导致生活中有大量机会都在他们犹豫不决、优柔寡断、左思右想的时候失去了。拖延是成功者最忌讳并且要改掉的恶习。

那么，为什么人们会拖延呢？

（1）习惯性懒惰

有些人在工作学习中，总是想着"不着急，不着急"。他们在接到任务的时候，也不会第一时间投入工作，一定要拖延到截止日期前，才能开始。这些人已经形成了习惯性的懒惰。

（2）缺乏自信心

喜欢将工作拖延到截止日期之前才做完的人，通常怀有一种自欺欺人的心理。因为是在短时间内完成的任务，如果成功的话，他们会沾沾自喜；如果失败了，他们也可以"时间不太够了"为借口，而回避自己能力不足的原因。

（3）逃避困难和责任

在工作和生活中，挑战困难、完成工作有时困难重重，但逃避现实是非常容易的。有些人只喜欢一些简单便捷的工作，从不考虑有难度的事物，即使被迫接受，也会一直拖延到最后。

（4）完美主义作祟

有完美主义情结的人，往往会对自己提出一些不切实际的要求。这些要求几乎是不可能完成的，因此这些人就在不自觉中开始拖延。

（5）缺乏毅力

面对一项困难的工作时，勇于挑战的人会直接迎战，而爱拖延的人却不会行动，只是下定决心一定要做。这样，他就可以理所应当地安慰自己："我不是放弃了这件事，只是还没准备好开始。"这种借口完全没有意义，却表现出他缺乏面对困难持之以恒的毅力。

（6）犹豫不决

有的人在作出决定的时候十分坚定，要行动时却总是左思右想、各种顾虑。这种没用的顾虑，浪费了很多的时间，别人已经早早开始了，拖延的人还在原点，以至于可能错过很多机会。

哈佛时间管理小秘诀

如果你能发现自己拖延的毛病，那么现在行动起来改正它就还不晚。下面是给大家提出的一些改变拖延的方法：

（1）承认拖延只会对生活带来负面影响

持续的拖延问题，会把你拉入负面情绪的深渊，你会感觉自己什么都做不好，每日都在疲惫、厌倦中生活。没有人愿意每日生活在这种情绪下，你应该认识到，并改变它。

（2）把大目标划分成小任务

无论有没有拖延，将庞大的目标划分成一个个阶段性的小任务，都是完成目标的好方法。每完成一个小任务就记录下来，并鼓励自己，你就拥有了坚持下去的动力。你要记住，每一个大目标的成功都是由一个个小任务的成功汇集起来的。

（3）直接面对不好的事情

有些事情，面对不好的状况时，你可以选择先缓一口气、休息一下。

但有些事情，并不适合这样的方法，你需要的是立马解决问题。比如，你是一位管理者，需要向下属告知一些不好的消息，可能需要温和一些的阐述。但你一定不能想着一会儿再说，因为在何时都是同样的结果。

（4）分别列出事情的好处和坏处

将你完成某件事情的好处罗列出来，再将你如果拖延后的坏处也列在旁边，你会清楚地看到完成这件事的好处远远多于坏处，通过这种方式，你会对要做的事情更加充满热情。

8. 学会借用别人的力量

黄金时代在我们面前，而不在我们背后。

——马克·吐温

艾伦是一家电子产品公司的部门经理。一次，他带领公司的产品团队去参加一个盛大的展销会。在展销会开始之前，有许多事情需要准备，艾伦忙得不可开交。

艾伦先自己忙碌了一段时间后，突然想到：一些事情可以让员工们跟我一起做啊！大家一起干活肯定比我一个人忙有效率得多啊。于是，他赶紧把员工都找来，将工作分派给他们，并告诉他们有问题可以随时找自己提问。

被委派工作的员工感受到了艾伦对他们的信任，他们也希望这次展销会获得成功，因此非常卖力地干起活来。而减少了工作量的艾伦，也得以从全局的角度思考目前还有哪些欠缺的东西。

展销会开始前，公司的高层来到现场，看到艾伦和团队将展位布置得非常到位后，感觉非常满意，充分肯定了他们的成果。

哈佛大学心理学者肖恩·埃科尔认为，人应当让自己被积极的影响者包围，并善于借助他人的力量，进而增强自身潜能。确实，一个人的能力是有限的，一个好的管理者，抑或一个聪明的人，他们都应懂得如何去借助别人的力量来为自己办事。能够有效借助于人，也是打通自己时间、打通自己人脉的一个重要手段。如果你能够有效借用别人的力量，并为己所用，那你做事情就能够真正的事半功倍了。

（1）确认有哪些事是你必须亲自做的

不管什么时候，我们都要明确哪些事是必须亲自做的，哪些是应该交给别人去做的。要把时间花在重点上，而不要把它们浪费在不必要的事情上面。当你确认了那些你必须亲自做的事情之后，你所要做的就是坚持，时刻坚持把你的时间优先分配到这些重要的事情上，而不要一味地去应付那些紧急而不重要的事情。

（2）有些事情让别人去干更为合适

你不擅长的事情，不要过于勉强自己，把它交给擅长这件事的人去做或许更为合适，你勉强处理这件事可能几个小时也做不好，换一个人可能十分钟就解决了。不要担心，这不是你能力不足的原因，每个人擅长的领域都不同，因此负责的工作才不一样。举个例子，你想要自己做一个蛋糕，那么你需要准备各种所需要的材料，这会花掉你很多时间，而且，如果你从来没有做过蛋糕的话，你还要花时间去琢磨该怎么做，就算最后做出来，也不一定好吃。若是交给一个面点师来做的话，他不需要特地去准备这些材料，因为这些东西他随时都有。他的技术也比你纯熟，会把蛋糕做得比你美味比你快。这样的话，你为什么不从蛋糕店买一个专业人士制作的蛋糕呢？这样你就不会在不擅长的事情上浪费时间，而能去做更重要的事情，这样不是更有效率吗？

（3）了解他人的时间管理风格

我们在工作中少不了要与人合作，了解他人的时间管理风格，会让我们与他人的合作更有效率。

首先，你可以通过了解他人的时间管理风格来决定是否与他合作。一个人的时间管理风格一定程度上代表了他的办事风格，如果你的合作对象做事情磨磨蹭蹭，或总是慌手忙脚，那你应该想一想是否还要跟他继续合作了。

其次，你可以通过了解他人的时间管理风格，使你们的合作更有默契。了解对方的时间管理习惯后，你会知道对方喜欢在什么时间做什么事情，这样，可以在对方心情最好的时候相约见面，交涉也能取得更好的效果。可以根据对方的时间安排适当修改自己的时间计划，以取得最好的合作效果，避免因沟通不畅而造成的时间浪费。

最后，了解了对方的时间后，你也可以在最好的时间段向他求助。如果你有求于人，一定要选择合适的时机去求助。如果你找了一个对方很忙的时候去，对方肯定没有空理你，不但白跑一趟，还很有可能给别人留下不好的印象。如果找到一个好时机，没准原来不可能的事也变成可能了，一次性成功不是很好吗？

（4）学会外包，借助外部资源帮你成事

外包是一种企业动态地调配自身资源，利用其他企业的资源为自身服务的战略管理模型。企业的发展需要维持和提高核心业务的竞争力，因此，有时分配在非核心业务的工作人员就会不足，这时可以将这些非核心业务交给其他专业公司代为处理。这样，可以降低企业日常运营成本、提高产品品质，比如说，请专门的职业培训机构为公司员工进行培训，请专业的广告公司给你做宣传，请专业的 IT 服务商为你维护网站。因为这些事情如果让你自己去做的话，需要额外地去聘请专业人才以及购买或租赁相关设备，还要花时间去建立组织结构，这样就浪费了很多时间和精力。如果把这些相对独立的工作给相应的专业性机构去做的话，会更省时省力，且效果更好。

哈佛时间管理小秘诀

当你面对纷繁无序的请示报告、无法预测的实际困难、突如其来的紧急命令、千变万化的干涉因素、有求的故知旧交、不可言传的各种关系时，很容易造成“工作执行杂乱无章，结果很不满意”的情况。你每天要处理很多事情，要想使工作有条理，你要学会一些处理方法：

（1）要对每天的工作做系统的计划，并对工作的繁简、轻重缓急做个比较。能够合并起来办的事就合并，可开可不开的会就不开；能够当场决策的事情就不带到会议上去讨论。对每件工作都概略地安排一定的时间，并集中精力去处理最难办的事，以求达到最佳时效。

（2）要善于区别关键的和一般的事情，把主要精力用在关键工作上。

（3）使一般工作“案例化”，固定工作“标准化”。凡已有规定的，不要去干涉，依章办事就是。同样的问题出现后，把结果处理原则记下来，再把这样的多次“案例”集中后纳入制度，就能使工作标准化了。

（4）要妥善处理人群关系，不让他人空耗自己时间。要妥善处理好各种关系，以集中注意力抓大事、揽全局。

（5）找出规律。生活中有很多事情与工作都是经常地、周期性地反复出现的。对这类事物占用时间要进行科学的、系统的分析，每一次循环节约点滴时间，多次循环就会节约大量的时间。

9. 摸清时间管理方法

始终坚持记录自己的时间耗用情况，这样能知道自己时间管理的不足。

——彼得·德鲁克

金融巨子摩根是一位非常有时间观念的人。

一般情况下，摩根办公的时间是在上午9点半到下午5点半。在工作当中，他除了与重要的生意客户会谈以外，与其他拜访者的谈话时间都保持在5分钟以内。

摩根没有单独的办公室，而是与公司内的员工一起在同一办公区域内工作。这方便摩根随时与员工进行交流并派发新任务。在那间大办公室，你很容易见到他，但如果没有什么重要的事情，就不要去打扰他。

摩根与他人沟通时，不喜欢啰啰唆唆的表达方式，不喜欢交谈者长篇大论、拐弯抹角地说话，所以他常常会直接指出交谈者的想法。这也让他节省了工作当中的很多时间。

成功人士都非常在意自己的时间花费在哪里。因为他们懂得，浪费的时间是不能挽回的，因此需要管理好自己的时间，以获取最大的收益。

管理时间的原则之一就是要摸清时间管理的方法，避免走弯路而浪费时间。他们建议人们管理时间可以采用以下几种方法：

（1）把脉法

找到适合自己的时间运筹之道，把好自己的脉，弄清自己的个性、身体状况和所处的环境，并不断在实践中寻找。在所有长期、中期、短期计划中，确定好先后顺序，唯有如此，才算完成了做计划的工作。不同的人在运筹时间方法上有所不同，人的性格、习惯、体质、爱好就像人的面孔似的各不相同，而且家庭、工作单位、当地社会环境的条件也多种多样。有些人早上起来时灵感频至，有些人夜深人静时思维活跃。因此，哪种运筹时间方法好，不能一概而论，运筹时间方法要因人而异。你可以根据自己的实际情况安排时间，以达到事半功倍的目的。

（2）良性心理法

管理时间事实上是个管理自己的问题。因此，善于运用心理学的方法，对管理时间有很大的益处。建议个人可以不断运用以下语句去鼓励自己：“我及时计划自己的时间，力争从每一分钟都得到乐趣。”“我把成功作为自己的动力。”“我决不因为懊悔失败而浪费时间。”良好的心理激励是很好的时间管理法，它将会避免你将时间白白浪费在一些毫无意义的事情上。

（3）约定促使法

在生活中，你经常会遇到这样的情况，你打算利用下午一小时处理某项工作，然而随着时间的推移，你却做了一些其他工作。但是，如果你现在和某人约定下午从 1 点到 3 点要和他讨论一个问题，想必你是会按时赴约的。这是因为，一经和人预约，你就会害怕因自己没有按时赴约而令别人失望。在完成一项重大任务时，采取和别人订约，这对于促进一项重大任务的完成是有很大好处的：一方面承诺能激起你的内心去完成一项任务；另一方面约定完成时间也起着一定的强制作用。

（4）搁置琐事法

有时，你为了回避一些棘手的工作，比如那些新的、没有经历过的、未知的和不确定的工作，会求助于一些例行事务的处理，如额外花上5分钟时间去整理书桌、削削铅笔，或者下意识地把书桌擦拭一新。这样看似不起眼的小事却往往会耽误重要工作的完成。当你从事自己想要做的事情时，倘若不注意其重要程度或优先次序及所花费的时间，你将不同程度地养成放纵自己的习惯，也就不能完成重要任务。因此，你必须要明白，那些只花费几分钟的零星琐事及处理这些事项都是为实现重要工作而服务的，而最好的做法就是把这些琐事搁置起来，下定决心从一开始就从事重要工作。

（5）效力优先法

效率所强调的是做一件工作的最佳方法，它属于策略问题。如为了即将召开一次会议，你有一份必须要打电话通知的名单，如果从效率观点来看，你就会从如何尽快正确无误地通知开会人员名单来入手。但是，如果从效力观点来看，你就会问自己，是打电话还是考虑另一种联系方式，或者把打电话的事委派给他人去做；甚至决定取消这次会议，把时间用在更有用的地方。时间管理应该以效力优先、效率次之的观念为出发点。

（6）变更次序法

一切事务都是在变化中，所谓“计划赶不上变化”。事务优先次序的变更，取决于条件的变化，如你在当时的条件下考虑一项活动的整个效益时，定下了优先次序，但倘若干到中途，因困难多而完成无望，或因条件变化失去其价值，那么就得重新确定每项活动的先后次序。

哈佛时间管理小秘诀

无数事实表明，怎样分配时间，怎样掌控时间很多时候会决定一件事的成功或失败。人们往往认为，这儿浪费几分钟，那儿浪费几小时没什么，其实这种看法是错误的。时间上的这种差别非常微妙，要过几十年才看得出来。一个想要成功的人会在实践中不断改良自己的方法，他们想要将完成一件事情所花费的时间降低到最短。提高效率是非常重要的，在同样的时间里，有高效意识的人能完成好几件工作，而有拖延问题的人，甚至可能一件事都完成不了。效率高的人与效率低的人，很明显地就拉开了差距。

要掌控时间，提高工作效率，以下几点可供参考：

（1）工作中断时，要有“回去工作”的驱动；

（2）专注工作的焦点，专心工作；

（3）达成对别人的承诺；

（4）设定完成工作的期限；

（5）集中能力于自己的优点上，发挥自己的专长；

（6）只有劳动了，才会有收获，不要想着天上掉下来的成果；

（7）做事情要一鼓作气、一气呵成，左顾右盼、三心二意只会浪费更多时间；

（8）要有完成工作、结束工作的强制力。

Lesson 6

有效提升时间管理效率的办法

无论是成功人士还是普通人，大多每天都是忙忙碌碌的，但是二者忙碌的结果却大有不同。每个人都是一天24小时，那么产生差别是因为什么呢？哈佛大学终身教授穆来纳森研究发现，很多过度忙碌的普通人，总是被各种各样的任务拖累，而没有“带宽”去思考更长远的发展，进而陷入“稀缺头脑模式”的泥潭中。确实，很多的人不仅不知道自己在忙什么，而且也不知道怎样才能利用身边的工具去更快地提升自我时间管理效率。

自我测试：你的生活状态怎么样？

一个生活状态非常好的人，必定是一个善于节省时间、利用时间的人。根据下面的测试题，检测一下自己的生活状态，看看自己的生活状态怎么样。

1. 你每天睡几个小时？

A. 至少 8 个小时

B. 把工作做完了才睡觉

C. 常常熬夜甚至通宵

2. 朋友约你去参加一个聚会，你会有什么反应？

A. 太好了，我马上过去

B. 我更愿意待在家里睡觉

C. 下次吧，我还有许多工作要做

3. 你会经常觉得自己的时间不够用吗？

A. 不，我觉得自己的时间够用，有时候还会觉得宽松

B. 我觉得有时候不够用，但不是经常

C. 我的时间经常不够用，真希望一天能够当成两天用

4. 你会失眠吗？

A. 几乎不失眠，总能平静地入睡

B. 有时候会失眠，因为一些烦心的事情

C. 常常会因为一些小事失眠

5. 你觉得你的牢骚变得越来越多了吗？

A. 不，我很少抱怨

B. 只是心情不好的时候才抱怨

C. 是的，我总是觉得一些事情不尽如人意

6. 你做事的时候，是否经常没有精神，常常有莫名的火气，却不知如何发泄？

A. 不，我脾气很好，几乎不发火

B. 有的时候我会觉得没精神，想发火却没有精力发作

C. 是的，我常常觉得没有精力做事情，想发火却没精力

7. 你上一次与家人待在一起是什么时候？

A. 我天天回家

B. 我隔几天才回家一次

C. 已经是很长一段时间之前的事了

8. 你觉得总是有事情需要你做吗？

A. 不，我不需要那么操心

B. 有时候我这么认为

C. 我总觉得自己有好多事情要做，总觉得做不完

9. 你闹小毛病的频率比以前高吗？

A. 不，我很少有这样的情况发生

B. 好像跟以前差不多

C. 对，我常常觉得身体不适

10. 你向往宁静的田园生活吗？

A. 不，我更喜欢现在的生活

B. 有时候会这样想

C. 对，我很想过那种宁静悠然的生活

11. 你做过健康体检吗？

A. 从没做过

B. 做过，而且每年一次

C. 3 年前做过一次

12. 你靠喝茶（咖啡、保健饮料）来提神吗？

A. 我从来不靠这类东西来提神

B. 只有感觉到疲惫的时候才靠它们来提神

C. 对，我几乎每天都喝

13. 你是否感到情绪有些抑郁，喜欢对着窗外的天空发呆？

A. 不，我更愿意关注眼前的事情

B. 我觉得累的时候会这样

C. 对，我很想像鸟儿一样自由飞翔

14. 你感觉自己的记忆力有所下降吗？

A. 没有，我觉得自己的记忆力非常好

B. 有时候我觉得自己的记忆力变得不好了

C. 我常常觉得自己越来越迟钝了

15. 看到自己最喜欢吃的菜，你的反应是：

A. 很高兴，开怀大吃

B. 吃一点点，只有这个时候才有食欲

C. 没有胃口，吃什么都味同嚼蜡

16. 你一般怎么安排你的周末？

A. 美美地睡个懒觉，然后去逛街

B. 只有特别高兴时才会出门

C. 很少休息，大部分时间在加班

17. 你的身体健康状况如何？

A. 棒极了，我觉得精力充沛

B. 还好，不觉得有什么不对

C. 很糟，春秋流感一来，我总会中招

18. 如果将你每日的压力分为1—10分，你觉得你能得几分呢？

A.1—2分，几乎感觉不到压力

B.3—5分，生活得张弛有度

C.6—10分，天天忙得四脚朝天

19. 近段时间朋友们对你的评价怎样？

A. 像以前一样开朗

B. 时好时坏，脾气不稳定

C. 脾气暴躁，火气特别大

20. 近几年来，你的体重变化大吗？

A. 没有，我的体重几乎没变过

B. 还好，没有特别注意过

C. 挺大的，老同学都快认不出我了

评分方式：选A，0分；选B，2分；选C，4分。

如果你的得分在28分以下：

恭喜你！你的生活状态非常好，值得大家参考。你的生活忙碌而充实，你也能把所有的事情处理得井井有条，你的这种生活非常健康。你的日子过得十分惬意，为生活奔波，也没忘记享受生活。不过，如果你正处在年富力强的阶段，应该适当给自己一些压力，把生活的重心转到事业上来，让自己做出更大的成绩。

如果你的得分在28—52分：

你的生活状态良好。尽管有时候会感觉力不从心，但总体上你还能应付过来。大多数的时候，你的生活井然有序，但一旦有紧急的工作任务，你的生活就一团糟了。你需要好好审视自己，弄清楚为什么你应付不了突发状况。增强对于危机的应付和处理能力，是你目前需要做的。

如果你的得分在52分以上：

你的生活状态十分糟糕。也许你在事业或工作上取得了不菲的成就，但换来的却是疲倦的身心。你需要认真地问自己：目前这种生活真的是你理想中的生活吗？如果你不想等到被压力击垮的时候再后悔莫及，那就赶紧从现在开始，调整自己的生活状态，让自己回归到正常的生活秩序中吧。

1. 利用电子邮件来节省时间

你的时间有限，所以不要为别人而活。

——史蒂夫·乔布斯

史蒂夫·乔布斯是苹果公司的联合创始人之一，被认为是一个富有创新精神的标志性人物。

乔布斯不但具有超群的商业头脑和管理才能，还是一个善于使用电子邮件的人。有媒体曾经报道，即便身为苹果公司的CEO，乔布斯仍然坚持亲自给关注苹果的网友回电子邮件。正因如此，苹果和乔布斯本人才会收到千千万万的年轻人关于如何改进苹果的“疯狂”主意，而乔布斯不断让世人吃惊的创意也与他经常与大家通过电子邮件进行交流密切相关。

互联网的兴起，电子邮件沟通成了常见的联络和文件发送方式，人与人之间的联系变得更便捷。但如果使用电子邮件的方法不当，电子邮件也会浪费你大量的时间，从而造成工作效率低下。

高效的工作人员会利用电子邮件来体现自己近期的工作表现，他们所写的电子邮件简短、明确。过长的电子邮件、复杂的问题和不及时回复邮件的习惯都可能影响我们的工作，而如果电子邮件能够很好地处理的话，能够节约我们很多的时间。

（一）控制电子邮件的数量

不管你从事什么工作，你都会收到一定数量的电子邮件。在这些邮件中，有的与你的工作有关，有的是亲友的问候或者祝福，有的则是垃圾邮件。大量的邮件很可能会浪费你大量的时间，延误你的工作。所以，你需要找到控制电子邮件数量的方法。

(1) 读电子邮件的标题。觉得对自己有用的电子邮件就打开看看，如果觉得是垃圾邮件，就直接删除。不要浪费时间看那些对自己没有用的电子邮件。

(2) 不要随便把你的邮箱发给别人。为了减少接到不必要的电子邮件，你最好只把自己的电子邮件信箱地址留给特别的客户、同事和其他真的需要联络的人。

(3) 拒绝垃圾邮件。当你收到未经要求就寄发给你的垃圾邮件时，先检查邮件的自动回复地址，发一封回信，并在标题处注明删除，这样你就可以从邮件寄送清单中除名了。

(4) 避免不必要的回复。让与你联络的人知道，什么情况下不必回复你发给他们的邮件。当你不想别人回信时，要小心措辞，不要让别人产生误解。

（二）掌握电子邮件的编写方法

掌握电子邮件的编写方法能够节省你的时间，方便你的工作和生活。电子邮件最重要的原则是保证你的信息短小和简单。下面是一些编写电子邮件的方法：

（1）询问简单、容易回答的问题。比如："上次会谈后，你是哪天回到公司的？""我把我们经常去的那家餐馆的联系电话丢失了，你那里有吗？有的话，请发给我。"

（2）记录下客户、同事或者供货商最新的业务情况。比如，写下"我们 3 点半的时候把您索要的样品发了出去，样品将于第二天上午运到贵公司"。

（3）对于可能引起的情感冲突的信息最好不要使用电子邮件。比如，"你的工作报告存在很多问题，需要修改"或者"由于你屡次犯错误，我很抱歉地通知你，你被解雇了"。

（4）如果你需要通知的问题比较多，那么，你把这些问题集中起来，放在同一个邮件里，并且标注上序号，这样收件人能够比较容易地复制和回答，还可以一次回答好几个问题。

（5）在相关的项目文件夹里保存电子邮件的内容，以便日后能够迅速查找相关信息。

（6）善于使用自动回复。自动回复是一种为客户提供所需信息的方法，简单且成本较低。另外，自动回复与人工回复的无限拖延相比，让人愉快得多。

哈佛时间管理小秘诀

在使用电子邮件的时候，有一些细节需要大家注意。这些细节处理好了，能够使你的工作更高效。

（1）在电子邮件的标题行里使用关键词，给收件人一些有关电子邮件内容的提示，你做到了吗？

（2）在邮件中附带你的电话号码，这样做可以让收件人通过电话回复你。

（3）精炼语言，让电子邮件的内容言简意赅，只保留精华的部分。这样，收件人可以迅速地浏览电子邮件，从中找到要点。你还可以通过使用空白间隔、章节标题和核心要点进行排版的方式对邮件的正文进行分段处理。

2. 利用互联网快速获得、总结信息

在这个充满变化的时代，经营的时间要素是举足轻重的，速度就是生命。

——土光敏夫

有个男孩，他在10岁的时候，获得了人生中第一台电脑，从此他的人生就和电脑、网络结下了不解之缘。他对电子产品很感兴趣，也很有天赋，高中的时候就设计出了一款音乐播放器。之后，许多行业内的公司都发现了这个天才男孩，并邀请他加入，甚至包括微软公司。但是这个男孩拒绝了这些公司的高薪聘请，选择去哈佛大学继续学习。

上了大学以后，男孩对网络的热情不减当初。大二以后，他自己设计了一个网站，上面都是哈佛大学同学的照片，大家可以通过网站寻找自己感兴趣的人。不久后，他和其他两位同学对这个网站进行了更新，使它成为了一个专门用来交流联系的平台，这个网站就是Facebook，网站很快火遍了整个校园。后来，网站越做越大，这个年轻人选择了退学，然后全心用在维护网站上。这个年轻人就是如今的知名富翁：马克·扎克伯格。

随着网络的不断发展，越来越多的人开始利用互联网来查询最新最快的信息，以便从中获得最先进的知识。不懂得利用互联网获取信息和知识的人，已经落在时代的后面，跟不上步伐了。

通过互联网，我们可以搜索到我们所需要的各种信息，不管是学习、工作还是娱乐，可以说是应有尽有。善于利用这一资源，对我们获得需要的信息会有很大的帮助，也有助于我们提高工作效率。

不过，利用互联网获取信息需要掌握一定的方法。有时候，若你的方法使用不当，想搜的东西怎么也搜不到，那也只能干着急。在这里向大家简单介绍几条搜索技巧：

（1）可以尝试在不同的搜索引擎中搜索。

（2）限定按指定文件格式搜索。搜索栏中的查询词后面输入“filetype：”，再后跟指定文件类型（doc、pdf、ppt等）。例如，“时间管理 filetype:ppt”“双城记 filetype:ppt”。

（3）查询词加引号，进行完全匹配搜索。如想要搜索：风暴熊。直接搜索，系统有可能会把“风暴”和“熊”自动拆分开，分别进行搜索。查询词外再加上双引号，就能避免这种情况。

（4）当搜索出的结果太多的时候，可以增加关键词数量，或者在现有搜索结果中再次搜索。

哈佛时间管理小秘诀

当今社会是一个信息化、共享化、全球化高速发展的社会。在这个社会里，我们拥有更多的资源和寻找资源的办法。我们应该选择正确的方式来对待互联网，正确地使用网络，使互联网成为为我们的生活、工作和学习服务的工具。

（1）正确认识网络这把“双刃剑”

网络作为一个载体，衍生出了许多信息传递的方式，比如电子邮件、微博、微信等。我们通过发达的网络平台增加了视野的广度，能够更加便捷地接收信息、保持联系、交流感情、了解社会。同时，网络也有消极的一面，它可能使人沉迷于网络，迷失自我。所以，我们需要在大量的信息中找到对自己有用的信息和对自己有帮助的资源。

（2）调整自己的心态，抵制网络中的诱惑

网络只是方便我们生活、工作和学习的一个工具，而不是我们的玩具。我们每天需要花费大量的时间去投入工作、学习、交往中，但不能花费大量的时间沉迷于网络。通过网络，我们可以了解新闻，扩充自己的知识面，调整自己的心情，以便有积极的心态、更轻松的心情投入工作中。

（3）合理安排上网时间

我们倡导工作与休闲相结合的健康工作方式，一定的休闲娱乐活动能释放工作中的疲惫，也能为第二天更好地工作提供动力。但是在休闲放松的时候，一定要注意控制上网时间，过度沉迷网络内容，会加剧工作的疲惫，反而影响之后的工作。因此，我们应该在工作和上网之间寻找到一个平衡，让网络更好地为我们的工作生活服务。

3. 利用巧妙的沟通节省时间

重要的不是你告诉别人什么，而是别人听到了什么。

——瑞德 · 奥尔巴赫

梅奥是一家外贸公司的CEO，时间观念非常强，很善于控制自己的时间，工作效率也非常高。

有一天，朋友杰克来到他的办公室。杰克说："梅奥，今天工作忙吗？"

梅奥说："不算太忙。你来我的办公室有什么事情吗？"

杰克说："其实我也没什么特别的事，就是今天刚好到你们公司附近，就来找你聊聊。"

不过，杰克坐下来以后，就开始没完没了地说个不停。很长时间后，他才注意到梅奥没有回应自己的话。而此时的他说话也说累了。

于是杰克问梅奥："是不是我刚才说的这些，让你感到很无趣。"

没想到梅奥说："抱歉，我想到工作的事有些走神，你刚才是说到什么了，你继续说吧。"

杰克听了梅奥的话，有些羞愧，原来自己说的话梅奥根本没有听进去。于是，杰克找了个借口起身离开了。

梅奥就这样巧妙地应对了啰唆的朋友，节省了自己的时间。

哈佛大学研究人员发现，一个人在时间管理的过程中，会遇到与沟通相关的问题。比如，如果把大量的时间浪费在服务重大客户上，花在管理和制定策略上的时间就少多了。

沟通与时间管理密切相关。沟通是人际关系的一部分，人际关系非常重要，但是并不急迫。在一天的工作中，你可以拿出10%左右的时间来处理沟通事件。如果在沟通上浪费太多的时间，则会影响正常的工作进度。

要想节省时间，做到有效沟通，需要掌握一定的技巧。

（1）规定面谈的时间

有些人说话非常啰唆，不着边际。跟他交谈时，说了很长一段时间还不能进入正题，即使正事说完了，对方还是会说一些无关痛痒的话。

因此，当需要与他人面谈时，有必要预计好谈话的时间，当对方讲完后，还要迅速分析讨论完这件事需要多长时间，以及何时结束这段谈话。同时，使用开会时用的桌椅，也有利于迅速地办好事情。只有这样，才能够更好地使用会客的时间。

（2）掌握避免干扰的技巧

你是否常常因为工作被打扰而感到烦恼，比方说主管正在接待客户，让你过去一下；正在批公文，电话一直响个不停；正在开会，有人突然打断会议的进行……对于这样的干扰，要积极避免。因为一件事情做了一半被打断了，常常需要花更长的时间来处理。所以，你要尽可能地不去打扰别人正在进行的工作，也尽可能地防止别人来干扰你正在进行的工作。

（3）传达方式

如果你是一个公司的主管，在宣布重要的事情的时候，必须把所有的人都召集来，而不是只告诉其中的一两个人，让他们帮助你传达，因为别人的转告可能会曲解你的意思。

尽可能把面谈安排到下午进行。因为如果在一天工作刚开始时就进行面谈，可能会耽误一整天的工作计划。因此，许多人选择不在上午会客。在下午与客人面谈，既能缓解上午紧张劳累的工作，又不必为了耽误一整天而担心。

客人表示要面谈时，你就应该详细地询问对方的情况，如果在没有任何准备的情况下就与对方交谈，除非你对来访者比较熟悉，否则便是浪费彼此的时间。

（4）向沟通对方表示自己的善意

如果由己方发起会谈，那么你必须尽可能地为对方提供方便，以便使会谈在一个愉快友好的环境中开始。如果你的面谈对象来自其他城市或者国外，你更有必要这样做。当对方感觉到你对于面谈诚意十足，并且安排好了一切面谈外的琐事，也会更安心地与你进行交流、洽谈。

（5）适时承认自己的过失

如果你在沟通的过程中犯了错误，并且给对方造成了一定伤害，主动地道歉往往能获取对方的谅解。就算对方十分愤怒，也能缓和一下现场尴尬的气氛。如果这个时候，你并没有道歉，而是做无谓的辩解，则只能是火上加油，扩大事端。

哈佛时间管理小秘诀

成功的沟通就是用对的方法和对的人进行沟通。以下是一些有关沟通的方法与技巧：

（1）认清自己的位置

无论何时何地，你都要切记自己和领导是上下级关系。在与管理者相处、沟通的时候需要认清双方的角色，而不能超过了界限。在与管理者进行工作汇报、问题反馈的时候，你需要保持礼貌，不可以随意讨论领导的个人问题。

（2）学会未雨绸缪

管理者每天需要面对和处理的事情非常多，所以为了提高沟通的质量，我们要提前把沟通的目的以及表达方式想好，对领导的工作日程也要有一个清晰的认识。这么做，既节省了彼此的时间，还能使沟通更加有效。

（3）对于不同的领导采取不同的沟通措施

在工作中我们会遇到各种各样的领导，我们需要观察每位领导的性格，总结经验，以便以合适的方式去与不同的领导沟通。对于理智冷静的管理者，刚开始的接触可能会令人不知所措，因为他们不太会将自己的想法写在脸上。我们可以从他们的工作习惯中多观察，在沟通时多听取他们的想法。

与性格豪爽的管理者相处相对来说比较容易一些。与这样的领导相处的时候，可以大胆地提出自己的想法和建议。不过，尽管这样的领导非常爱才，也不要表现过度，因为那样会让领导认为你在他面前故意卖弄。

尽管大家在工作中遇到的领导性格各异，但是只要我们在工作中多观察、多思考、多学习，运用沟通的技巧，那么，我们就能够从容面对。

4. 进行工作分解时的原则与基本结构

浪费掉一天或者一个延宕的决定，代价是昂贵的。

——比尔·伯恩

作为一家电梯供应商，奥的斯公司在很长一段时间内，销售和服务等都较为稳定。但随着公司规模的不断扩大，业务流程变得越来越烦琐，人员岗位设置也越来越复杂，时间一久，流程的运转上就出现了很多问题，部门之间的相互配合变得不再像以往那样顺畅，甚至出现一些部门间推诿扯皮的现象。面对发现的这些问题，公司通过内部信息平台的建设，整合了各部门业务的流程运转，推进了各部门间工作上的融合，实现了业务流程的优化，进而提升了员工的工作效率，使得公司也获得了新的发展。

在面对复杂困难的工作时，如果工作方向出现问题或者工作内容分配不合理，那么在这项工作开始的时候，参与工作的部门就无法及时地响应，各个部门之间的协调就会出现问题，执行起来就会浪费大量的时间。这就显示出工作分解的必要性和重要性。

要提高公司的执行力，首先需要把整个工作进行分解，让每个员工都有一个明确的目标，知道自己需要做的工作是什么，需要承担什么样的工作责任，并且确定每个人努力程度的指标。这种方法能将每位员工的工作量更加科学地表现出来，有效激发员工的工作热情，才能让每个员工更有效率地工作，节约时间，提高自己的业绩。

对工作进行分解，需要掌握分解工作结构的方法。对一个公司来说，当需要分解工作的时候，部门内可以组织项目小组，小组成员对工作进行分配，然后将成果汇集起来。

在分解工作的时候，要了解工作分解的原则，把握工作分解的程度：首先，项目小组的工作人员要将主体的目标逐步细化分解，最具体的日常活动可直接分派到个人去完成。其次，原则上，每个任务要求分解到不能再细分为止，而且分解后的结构要清晰，让人一目了然。最后，日常工作要全部定义清楚，要细化到具体的人、时间和资金投入。

在进行工作分解的时候，需要掌握工作分解结构的方法。制定工作分解结构的方法多种多样，主要包括类比法、自上而下法、自下而上法和使用指导方针等。

（1）类比法

类比法是以一个与新任务类似的工作分解结构（WBS）为基础，制定本任务的工作分解结构。举个例子，一家电脑制造厂商，他们已经制造出了许多种类的台式电脑，当他们想要开发一个新款便携式电脑时，就可以利用原有的台式机设计的子系统，并以这个系统为基础，开发新项目的工作分解结构。

（2）自上而下法

这个方法是工作分解中的常用办法。简单来说就是，项目在准备的时候，就把他拆分为小项目，并再次细化。自上而下法就是不断地将工作拆分开，把具体的工作交给最合适的人处理。

这个方法最适合做项目经理的人，因为他们长期锻炼了工作的全局观念，更擅长对工作进行分解。

（3）自下而上法

这个方法与自上而下法正好相反，是由项目小组的成员分别负责各自的任务，然后将任务成果进行汇总。这个方法使用得到位，会产生非常好的效果。

不少公司的项目经理面对全新系统或者方法的项目时，经常采用这种方法。同时，这个方法可以促进全员参与或者项目团队的协作。

哈佛时间管理小秘诀

一个企业在进行项目工作分解的时候，一般需要遵循下面几个主要步骤。

（1）明确项目的各个主要组成部分，也就是明确项目的主要可交付成果。一般情况下，一个项目的主要组成部分包含两个方面：项目的可交付成果和项目管理的本身。在这个阶段，参加项目小组的人员必须准确地知道要实现项目的目标需要完成哪些主要的工作。

（2）确定每个可交付成果的详细程度。如果达到了编制恰当的成本估算和历时估算的要求，就直接到第四步核实分解的正确性便可。如果没有达到要求，就要先进入第三步。

（3）确定可交付成果的各个组成部分。组成部分应该用切实的、可验证的结果来描述出来，以便进行绩效测量。

（4）核实分解的正确性。即需要回答下列问题：

◆最底层项、最细微的项对项目分解来说是否是必不可少的？如果不是，则必须修改组成元素。

◆每项的定义是否清晰完整？如果不完整，描述则需要修改或扩展。

◆每项是否都能够恰当地编制进度和预算？是否能够分配到接受职责并能够圆满完成这项工作的具体组织单元？如果不能，需要做必要的修改，以便于提供合适的管理控制。

5. 合理利用琐碎的时间

时间和潮流永远不待人。

——司各特

弗拉基米尔·阿什肯纳齐是一名传奇的钢琴演奏家、指挥家，高质量地产出了很多经典的作品。他多年全身心地投入音乐中，对他来说，音乐就像是他的氧气。而对于如何获得成就，他认为，每个人出生时可能都会具有一些天分，但更重要的是自己去挖掘天分。他所取得的成绩，不单单是靠着天赋，还有他自己很好的时间管理。弗拉基米尔·阿什肯纳齐曾说："钢琴始终是我的最爱，虽然现在生活中的大部分时间被指挥占据，但我仍然每天挤出 3 至 5 个小时的时间用于练琴。去世界的任何一个地方，我下飞机的第一件事就是要找个地方练琴。”

正是这样每天不断地挤出时间去练习，长时间的积累，才让他能够更加精确地触键，进而为大家呈现出了美好、细腻的钢琴曲。

西耶娜·桑特是一名哈佛大学学子，她分享日常生活的视频在网络平台受到关注。视频中的她，充分利用各种零碎时间，收听电台节目、学习新知识、为课程做准备等，过着充实、积极的生活。应该说，真正高效利用时间的人都善于将零碎的时间充分地利用起来，最大限度地提高工作效率。充分利用零碎的时间，在短时间内可能没什么成效，但是时间久了，就会有惊人的成效。一个人若能长期地利用零碎的时间，化零为整，那么，他会获得惊人的成长。

所谓零碎的时间，是指不构成连续的时间或一个事务与另一个事务衔接时的空余时间。这样的时间往往被人们毫不在乎地忽略掉，丝毫没感觉到可惜。零碎的时间虽然短暂，但是长期积累这样的时间，总和也是相当可观的。凡是在事业上有所成就的人，几乎都是能够有效地利用零碎时间的人。

每个人的生活和工作中都存在很多零碎的时间，我们要学会找出来并加以利用。找出零碎的时间，大家可以从以下几个方面把握：

（1）善于利用等候与空当的时间

如果你去飞机场或者去火车站，通常会花费很长时间等车。这个时候，你可以带上一本书或者杂志，利用这段时间读几页，也可以利用这段时间思考一些事情。这样，这段零碎的时间就没有虚度。

（2）跟时间比赛

学会跟时间比赛，尽量让自己在有限的时间内完成自己所计划的每一件事情，这个方法是要自己与自己竞争，然后尽全力去超越自己平时的表现。

（3）利用好上班路上的琐碎时间

每个人去上班，都会在上班的途中花费一些时间，包括等车的时间、在路上的时间等。如果你从家到公司需要花费 30 分钟，每周工作 5 天，那么，50 个星期你花在路上的时间是 250 个小时，以每天 8 个小时工作日来计算，等于每年花上超过 6 周的时间在路上。如果每天从家到公司需要一个小时的时间，那么，你将有 3 个月的时间花在上班路上。因此，你需要在路上做一些有意义的事情，不能让时间白白地浪费了。

（4）利用好工作中的琐碎时间

善用时间的人，会懂得工作中的琐碎时间。例如，3 分钟的空余时间，可以打一通电话、看一遍销售数据、整理一下工作笔记或写一封感谢函。如果有 10 分钟的空余时间，可以整理一下办公桌、收发当天的电子邮件，或是整理名片。如果有半个小时的空余时间，则可以看看报纸杂志、制作电子文件，或是翻阅一下手头的新书。

哈佛时间管理小秘诀

零碎的时间对于善于利用时间的人来说是宝贵的，对于愚者来说可能是无用的。要合理地利用好零碎的时间，我们需要从以下几个方面努力：

（1）提高办事效率

做事的快慢决定着需要耗费的时间的长短。一个办事拖拉的人做一件事情可能需要两个小时，而一个办事效率高的的人可能半个小时就把事情做好了，而且效果还很好。用较短的时间做好一件事情，则会有较长的空余时间去忙其他的事情。

（2）善于把零碎的时间化零为整

一个工作效率高的人常常善于挤时间。养成挤时间的良好习惯，对工作和学习具有非常重要的意义。我们想要提高时间的利用率，就要学会化零为整，善于把零碎的时间拼凑起来，加以利用。

（3）善于利用节假日

大部分的公司在节假日都会放假，再加上周末的时间，一年就会有很长的一段时间。如果你能够把这段时间有效地利用起来，也会有一定的收获。

6. 提高会议的效率

效率就是利用能力达到某种目的和结果。

——马克 · 麦考马克

玛丽亚是一家大型金融机构的秘书，每天忙个不停，不是为经理安排当天的日程，就是帮助经理召开会议。

在办公室里待的时间长了，玛丽亚觉得很多同事都习惯开会的生活方式了。即使很多时候开会没有什么特别意义，大家依然会觉得，交谈是工作最重要的组成部分，甚至有人觉得如果不开会就好像这家公司发展不成熟似的。

玛丽亚有时候觉得很奇怪，明明是几个人在一起聊天，却说是在开会，因为根本就没有什么主题。时间久了，玛丽亚也渐渐厌烦了。玛丽亚觉得会议的组织缺少科学性，让大家宝贵的时间在毫无价值的会议中悄悄地溜走了，员工的心理也从积极变得懈怠了。

终于有一天，玛丽亚决定给经理提一下建议，试图改变公司的这种状况。于是，在一个下午，她勇敢地走进经理的办公室，跟经理谈起了会议组织的安排。

那天，玛丽亚从会议前的准备谈到会议的主题、会议的参与者、会议时间上的选择、会议中应该注意的事项等。

听了玛丽亚的话，经理表示同意，并对玛丽亚的建议进行了科学的修改和补充，变成了行之有效的方案。经理决定下次按照商定的会议方案召开会议，尽量节约员工的时间，努力提高会议的效率，让会议真正成为大家为公司发展出谋划策的平台。

日常工作中，总会有大把的时间被用于会议上。而有些情况下，一些会议其实是低效的。因此，常有人会抱怨，自己总是在参加各种浪费时间的会议。

要改善这种浪费时间的状况，首先要做的就是取消一些没有任何意义的会议。但是说起来容易，做起来却很难，许多公司依旧每天进行着冗长低效的会议。

尽可能提高会议的效率，是非常有必要的。我们建议召开会议前要注意以下几个方面：

（1）会前准备要充足

要认真对待每一次会议，即使是临时召开的紧急会议，也要尽可能地准备好。

将会议的相关资料，如主题、大致内容、期望目标、会议时间等信息，提前打印出来发放给参会者。

提前调试好会议所需要的设备，如投影仪、麦克风、马克笔等。

根据参会人数选择合适大小的会议室，有利于大家融入会议气氛。

根据会议的主题，选择合适的参会人员，可以避免会议上的无效发言。

（2）为会议设定合理的目标

会议的主要内容及期望达到的结果，下发到与会者手中。这样可以保证参会者尽可能地集中在要讨论的问题上，避免出现跑题的现象。如果有需要，会议主持人在会议开始时，可再一次向参会者阐述会议主题。

（3）选择合适的会议时间

开会的时间选择很重要，应该寻找一个参会人员精力最为旺盛的时间段，这样可以使会议更加高效。此外，会议还应该按照预计好的时长召开。预计两个小时完成的会议，就不要拖延到两小时以后。若会议不能按时完成，会大大降低参会人员的积极性。

（4）会议总结与后续跟进

会议结束时，应由大会主席对会议进行总结，并分配出后续工作所需的人员和资源。散会后，秘书应当将会议的记录整理好，并发放给参会人员。此外，对于会议决定出的事情，还要后续跟进，确保按时完成。

哈佛时间管理小秘诀

提高会议效率有一个非常有效的方法，那就是缩短会议的时间。如果有些会议比较冗长，这个时候就需要通过利用一定的技巧来缩短会议的时间。下面有一些方法值得大家借鉴：

（1）试一下站着开会

如果会议的主题比较重大，大家很难达成共同的意见，会议的时间就会难以控制。而如果会议室的环境比较好，座椅舒适，灯光明亮，气氛热烈，这就为加长会议提供了良好的条件。这个时候，为了避免延长会议，不妨试一试站着开会，这样就会营造出时间比较紧急，尽快想办法结束会议的压力。

（2）控制每个人发言的时间

每次召开会议的时间都是有限的，如果与会者人数比较多，每个人都要表达自己的意见，那么，一个人占用的时间就不能太长，否则，就会使会议时间延长。解决这个问题，需要主持会议的人提前约定好每个人发言的大致时间，让大家在发言前都有个大致的概念。而对于那些健谈者，应该及时地提醒他们，避免其占用过多的会议时间。

Lesson 7

平衡工作与生活时间

当现代人的生活节奏越来越快时，很多管理者都会发现：虽然员工在公司中每天利用的工作时间与原来一样长，工作态度一样认真，但是效率并不见得比之前高出多少，甚至有时还会出现下降的情况。造成这种局面的原因只有一个：许多人不懂得将自己的生活与工作时间进行有效的平衡。其实，如果你对那些哈佛精英的工作与生活进行一次审视的话，便会发现：他们虽然注重工作，却从不肯因此而放弃享受自己的生活时间。

自我测试：你的工作妨碍你的家庭生活吗？

1. 下班回家的时候,你是否会因回归家庭生活而感到开心？是（ ）；否（ ）

2. 你是否每天都会和伴侣分享这一天的开心和烦恼？是（ ）；否（ ）

3. 你是否知道你伴侣每天入睡的大致时间？是（ ）；否（ ）

4. 你的伴侣是否知道你的全部收入？是（ ）；否（ ）

5. 你是否清楚你的家庭每月花在食物方面的钱是多少？是（ ）；否（ ）

6. 你的伴侣是否了解你的具体工作内容？是（ ）；否（ ）

7. 你的伴侣对你公司的业务足够了解吗？是（ ）；否（ ）

8. 你是否相信你与伴侣之间没有根本的分歧，彼此还深爱着对方？是（ ）；否（ ）

9. 你有过因为要陪伴伴侣而拒绝公司任务的经历吗？是（ ）；否（ ）

10. 你对你的伴侣有哪些好友，以及他／她对这些朋友的看法了解吗？是（ ）；否（ ）

11. 你是否与你伴侣讨论过你的人生目标,让她了解你的未来走势？是（ ）；否（ ）

12. 你的伴侣对你在公司有哪些要好的同事，以及你对这些同事的看法清楚吗？是（ ）；否（ ）

13. 你们在讨论外出计划的时候，能达成一致意见吗？如果出现分歧，你们能商量出双方都满意的解决办法吗？是（ ）；否（ ）

14. 你是否知道伴侣最近看了哪些方面的书？是（ ）；否（ ）

15. 你的伴侣是否认同你的人生目标以及未来规划？是（　　）；否（　　）

16. 你是否清楚你的子女在学校里读几年级？是（　　）；否（　　）

以上这些问题中，如果你有 11—16 个“是”，代表你和你的伴侣相互体贴，这有助于你在工作之后放松心情。

如果你有 6—10 个“是”，代表你应该增加对家人尤其是你的伴侣的关注度。

如果你有 0—5 个“是”，代表你太缺乏对家庭的关注了，你需要马上改正。

1. 整理私人生活

记住，浪费时间就是浪费机会。

——理查德 · 安

某管理公司的总裁威廉姆斯每天从早到晚都在办公室应对没完没了的工作，这让他常常感到精疲力竭。在这种状态下，他的个人生活也出了问题，他觉得日常生活的一切也总让自己感到压抑。于是他到医院去看心理医生。他告诉心理医生，自己在工作中不能自拔，感觉自己的人生如同一团混沌，找不到任何意义。心理医生看着威廉姆斯疲惫、焦躁的表情，告诉他：“你可以先平静下来，回家和你的妻子一起，收拾和整理你们的房间，放弃一些没必要的物品，让你们的房间变得简单、整洁。多试几次后，看看效果怎么样。”威廉姆斯照着医生说的去做，丢弃了一些没用的物品，把家里整理得干干净净。之后去到单位，他也收拾和整理了自己的办公桌，丢掉了一堆杂物。之后的几天，威廉姆斯还这样做，慢慢地，自己的内心压抑得到了一定缓解，各方面状态也得到了恢复。

哈佛时间管理理念认为，一个人日常生活中的琐事、各种承诺以及维持私人关系都会消耗一定的时间。这些事情中，有些是值得去做的，有些则是毫无价值的。如果你可以从以上这些没有太大价值的事情中解脱出来，你将能支配更多的时间。

要想从这些事情中抽出身，首先要消除浪费你时间的各种因素。找出浪费时间的因素并且把它清除掉，是一件十分有益的事情。你可以把那些节省出来的时间用在你真正想做的事情上。你可以采用下面的技巧来获得更多的时间：

（1）每一次做更多的事情。如果你每周三次去超市购买自己所需的物品，你不妨设定购买计划，减少去超市的次数，每周去一次超市，这样你就能够节省一两个小时的时间去做其他的事情。

（2）把你的出行活动进行合并。如果你的日程表显示你和家人分别去超市、洗衣店或者邮局等地方的话，可以把你们的出行活动合并到一次到两次。多花几分钟去计划和协调一下，这样，你一周可以节省出好几个小时。

（3）尽量少看电视，少上网。看电视、上网会上瘾的，尤其是那些比较宅的、单身的人。上网要有目的性，不要漫无目的地去浏览网页，否则，你就是在浪费时间。

（4）列出购物清单，利用互联网进行购物。有些人会花大量的时间在超市里或者商店里闲逛，他们永远找不到他们想买的东西。在购物之前，列个清单，有目的性地去寻找自己需要的商品，这样有利于节省自己的时间。同样，通过互联网你很容易找到自己想买的东西，而且不用去实体商店，这能节省不少的时间。

（5）把一些没有必要自己做的事情外包出去。如果有一些没有必要自己做的事情，你可以雇用有专业技能的人更快更好地完成这些事情。这很方便，既能节省自己的时间，而且很经济实惠。比如，雇用有专业技能的人来修水管或者装修房子等。

要想从琐碎的事情中抽出身，还要减少家里物品的数量。家里的东西多了同样也会浪费你的时间。你可以计算一下自己花在整理房间、汽车和家居用品上的时间，甚至一些不需要维护的东西也需要你的关注，比如说收藏的小物品、孩子不喜欢的玩具等。清理一些不必要的东西会节省你的时间。想一下家里的哪些东西是需要清理的，然后给你认为有价值的事情留出时间。在清理物品的过程中，要掌握一定的技巧：

（1）不当购物狂，不永无休止地购买可有可无的东西。

（2）如果发现了确实需要的东西，先不要买下来，等你把家里的东西利用完、卖掉或者扔掉后再买。

（3）每隔一段时间对家里的物品做一次清理。你可以拿一个能盛放一定数量物品的箱子把那些暂时用不着的东西放进去，然后在箱子上贴上标签，放到储藏室里。如果这些东西长久以来都没什么用处，那就处理掉。

（4）经常把那些对别人更有用的东西送给别人。这样既清除掉了东西，又在一定程度上使得你与别人的关系变得更好一些。

最后，要想从琐碎的事情中抽出身，你还要慎许承诺。承诺也会侵吞你的时间。频繁地对别人做出承诺，会让你花费大量的时间去帮别人做事。而一旦你没有履行你的承诺，就可能影响你的人际关系。这和超负荷工作没有什么两样。

人际关系也是承诺的一个重要的组成部分，它也会侵吞你的时间。人们希望在人际关系上花费时间是值得的，因为人际关系是我们获得满足的最重要的来源。但是，并非所有的人际关系都值得我们花费时间。所以，你要定期评价一下你的人际关系，看看哪些需要加强、哪些需要削弱、哪些需要终止。

哈佛时间管理小秘诀

在生活中，你要尽量少对别人做出承诺。一旦你做出了承诺，就要根据可用的时间把承诺要做的事情做好，定期回顾一下自己承诺过的事情，看看它们是否都值得去做。你可以问自己下面的几个问题：

（1）我对别人做出的承诺是否对我本人和其他人都有一定的价值?

（2）我获得的利益是否和我对别人的付出相当?

（3）如果不践行承诺会伤害到什么人?

（4）如果不做这件事情我可以省下来多少时间?

根据上面思考的问题，判断自己是否做出别人需要的承诺，评价自己的承诺的价值。有些事情如果值得去做，你就做出承诺；如果不值得，你就婉言拒绝他人。

2. 正确对待工作与休闲

一个累坏了的主管，是一个最差劲的主管。

——古狄逊

吉恩是一家事务所的职员，由于繁重的工作，他的生活变得乱七八糟。一个周末清晨，他一边看着手机里刚收到的文件，一边往事务所走去。突如其来的工作让吉恩感到周末假期已经离他远去了。他非常着急，越走越快，只想赶紧开始手里这份工作。这时他遇到了正在日光浴的朋友巴布，巴布喊住了马不停蹄的他，说："我的朋友，你这是要去哪里？大好的周末，你竟然如此着急！停下你的脚步，我们一起坐下晒晒太阳吧！"

"晒太阳？我现在可没那工夫。"此时的吉恩，脑子里还是他刚刚收到的工作。

"晒太阳非常重要。"巴布说，"你在路上悠闲地走着，太阳光暖暖地照耀在你的身上，是多么舒服。太阳是多么的伟大呀，只有在它的照耀下，万物才会充满活力、欣欣向荣。没有太阳的日子，我简直不敢想象！太阳可以给人巨大的能量，你在晒太阳的时候，你会感觉内心都平静了。还可以听到微风拂过、小鸟飞过、草丛里小动物跑过的声音，这真是太美妙了。我的朋友，不要太急于去工作了，快跟我一起晒晒太阳吧，工作的事真的可以先放一放。"

于是，吉恩坐到了巴布的旁边，两个人一起晒着太阳，聊着生活中的琐事，收到文件时的烦闷感不知不觉地消失了。稍晚一些后，他开始去处理早上的工作，结果发现自己已经没有之前那么心急如焚，工作的效率也变得更高了。

哈佛大学时间管理理念认为，每一个人都应该正确地对待工作和生活，正确地对待加班和休闲，而不要让工作完全占据你的生活。

很多追求成功的人，都舍不得停下自己的脚步来放松自己。在他们看来，放松是对工作不负责任，是对时间的一种浪费。他们认为，只有永不停歇，才能早日获得成功。即使已经筋疲力尽，他们依然不愿意停止，这的确是难能可贵的，但并不是明智之举。

懂得放松和休闲，而不一味地加班，是一种难得的智慧。从效率来看，必要的放松和休闲是更快实现目标的手段。放松不是放纵，而是养精蓄锐，是为了以一种更快的速度奔跑。

放松和休闲可以让你暂时从工作中抽身出来，以局外人的身份审视你的工作。放松可以让你换一个角度思考，解开工作中遇到的难题。

放松和休闲可以提高你的工作效率，可以使你在更短的时间内完成工作，从而减少加班的次数，甚至避免加班。

总之，你要做的就是不让工作占据你的全部生活，不要让工作占据你的休闲时间。要做到这些，就需要掌握一定的原则和方法。下面是我们提供的一些建议：

（1）不要把工作带回家

不把工作带回家看似简单，但是对于现代人来说似乎越来越难。在这个时代里，加班往往成为必需，把工作带回家也变成了一种流行趋势。不过，在你跟随潮流的同时，你没有发现自己的损失吗？是的，你很努力地工作，你想让家人过上好日子，可是，在你一味地忙着工作的同时，你已经把自己所有的时间都投入进去了，甚至是那本来就不多的家庭生活的时间。这难道不是一种得不偿失吗？

生活是生活，家是家。在家里，我们要的是家庭的生活，要的是天伦之乐。家庭的屋檐下，其实不应该有工作的空间。从现在开始，拒绝把工作带进家门。

（2）在家不考虑工作

工作就是工作，休息就是休息，这两个概念是不能混在一起的，如果你总是把它们混在一起，那么结果只能是工作没有效果，同时身心皆疲惫。现代社会，适应快速发展的科技步伐的同时，建议你把工作和休息分开,把回家作为这一分界点,千万不要身躯在家里,大脑还在办公室。

(3) 保持自己的业余爱好

人的身体和心灵都是有一定接受限度的，只有丰富多彩的生活才能让我们远离崩溃。适当的业余爱好并不是什么不务正业，它可以调整我们的工作状态和生活状态。因为工作而牺牲自己的全部业余爱好，实在不是聪明人该有的决定。

健康的生活，适当的业余爱好，才能高效率地工作，两者是息息相关的，所以不要放弃自己的业余爱好。

请记住，工作永远成不了生活的全部，它可能只是我们的一项普通的兴趣，也有可能只是我们生存的手段。它永远代替不了生活，永远不是生活的主角。

哈佛时间管理小秘诀

很多人都爱说这样一句话：“工作使人幸福。”但在实际生活中，真正学会享受工作带来的幸福的人并不多。大多数的人，每日不断地重复着辛苦、单调的工作。一路走来，你所需承受的可能是相恋多年的爱人离你而去；好友戴上面具，面目全非；家人对你不冷不热……

你不能变成工作狂，生活不能被工作塞满，所有时间被工作占据的人生是迷失的，那样的生活并不可取。

在日常的工作生活中，我们要时刻关注自己的心理健康，千万不要陷入“工作狂”这样的状态。你可以在以下几个方面加以注意：

（1）享受生活瞬间的乐趣。

（2）忘记最喜欢的习惯用语，例如“我之所以不停地工作，全都是为了孩子、伴侣以及父母生活得更好”等。

（3)调节自己的认知。有这样症状的人往往具有很强的自我意识、事业心和责任感，因此，你应该将对自己的要求放低一些，给自己留出一定空间。学着调节一下工作和生活的天平。

（4）要有意识地减轻工作压力。

（5）学会给自己放松。在工作之余，多培养一些兴趣爱好，如散步、打球等，尤其适合长时间坐在办公桌前的人。

3. 保持良好的精力

我们能充分利用好自身能量的最好方法之一，就是把能量集中起来。目标能为我们做到这一点，集中我们的精力。

——丹尼斯 · 威特利

当代社会，人们的生活节奏日益加快，竞争也日趋激烈。面对工作上的挑战、生活上的各种压力，许多人都会存在失眠、头痛、情绪低落、容易疲劳、注意力不集中等情况。一旦出现这些情况，人们正常的生活和工作就会受到影响，大量的时间被浪费。因此，怎样才能长时间保持精力充沛，长时间地工作和轻松自如地生活成为人们关注的问题。

以下是一些在工作的过程中保持充沛精力的有效方法：

（1）让你的眼睛适时地离开电脑屏幕

这是缓解疲劳、保持精力最简单有效的办法了。现代人上班，大多数都离不开电脑，这种保持着同一姿势的上班方式，很容易增加人的疲劳感。如果你是这样的上班族，一定要注意了，每 20 分钟转一转视线，一个小时起立上厕所、接水，活动一下僵硬的身体，这些小活动将对你非常有用。

（2）尽量不使用电梯

如果你所在的公司楼层比较低，那么，为什么不选择爬一爬楼梯呢？通过简单的运动，可以锻炼你的心肺功能。而且对于 8 个小时坐在办公桌前的人来说，这是一个非常有效的运动方式。

（3）坚持多喝水，少喝咖啡

许多忙碌的上班族习惯通过多喝咖啡的方式，让自己在繁重的工作中保持精力，但是你可能不知道，咖啡只是将人有限的精力预支出来，咖啡因消耗完后，人就会感觉更加疲惫。咖啡作为应急的提神工具是很好的，但是不要喝太多的咖啡，水作为身体代谢的媒介，才是你每天必不可少的东西。所以，在日常生活中，你应该试着多喝水，少喝咖啡。

（4）每天坚持冲洗你的脸部两次到三次

当你在工作中感觉昏昏欲睡的时候，可以到卫生间用凉水冲洗一下你的脸部，包括你的眼睛。这可以帮助你快速恢复清醒，特别是在工作时间很久的时候。

（5）随时补充能量

在公司的时候，不要为了节省时间就随随便便地吃营养不高的快餐。你可以准备一点健康的小零食，在长时间工作时给自己补充体力，但是可不要吃一些会影响同事的食物。

（6）有效的休息

在你感觉疲惫的时候，如果条件允许，小睡一下是个很好的选择。但不要时间太久，15—30 分钟就好了，如果睡太久，反而会更困。

(7) 及时地呼吸新鲜的空气

整日待在办公室中，会吸入过多的二氧化碳。因此，你可以在每天午饭后，走出办公楼散散步，既有助于消化，又能呼吸新鲜空气，恢复活力。

（8）加入同事间的聊天

加入同事之间的聊天，会帮助你保持活力。因此，当你工作到疲惫时，可以跟同样疲惫的同事适当聊聊天，比如明星、美食、外出游玩等话题，可以帮助你快速转移注意力。也别聊太久，几分钟就够了，再继续工作时，你会感觉注意力更集中了。

哈佛时间管理小秘诀

在日常的实践中，人们找到了工作期间保持充沛精力的很多方法，而且找到了除工作外保持精力的很多方法和途径。下面是一些保持精力的方法：

（1）科学锻炼

有些人以为锻炼只有时间够长才有效，其实并不是这样，对于上班族来说，过长时间的锻炼会使人更疲惫，造成运动损伤。因此，在运动前需要制订合理的计划，掌握科学的方法。

定期进行体育锻炼会让你的身心都受益，其中最大受益者是你的心脏。最重要的是，养成锻炼的习惯可以提高你的心肺功能，让你感觉更有活力。当工作需要很高的体能和快速的节奏时，你锻炼出来的好身体就会派上大用途了。

（2）及时进行心理调节，自我激励

工作生活中总会面对很多困难，你可以阅读一些哲学书籍或者寻求榜样的力量，用自我暗示方法，缓解自己的紧张情绪。还要放弃不切实际的完美主义，知足者常乐，保持一个愉快的心情，才会让你的工作更加成功。

（3）及时地补充营养

碳水、脂肪、蛋白质，是人体每日所必须的三大营养素，此外，矿物质和维生素的补充，也要注意。这里需要指出的是，现代人生活节奏快，许多人来不及自己做饭，长期过着点外卖的生活，在这种情况下尤其需要注意营养均衡。还有一些人，为了减肥会选择节食的不当方式，这会导致身体所吸收的营养素不足。

4．正确对待睡觉与熬夜

在时间的海洋里，勤奋工作的人一路顺风，无所事事的人处处触礁。

——德莱敦

维多利亚是一家公司的客户经理。她几乎每天都有干不完的工作。为了完成工作，她常常加班，有时候还不得不熬夜。

有一次，维多利亚的朋友见她忙碌的样子，便问她为什么总那么忙。她满脸无奈地说："亲爱的，我告诉你今天上午发生的几件事情吧。我今天上午刚进公司，就有几个人来找我汇报工作。首先是公司的前台告诉我，早上有客户打电话抱怨等了很久也没收到电子邮件。我立即去查自己的邮箱，发现信件占用的空间太大被退了回来。于是，我赶紧把邮件分批发送出去。之后，项目执行部的同事来跟我说，客户反映活动场地布置不符合他们的要求，问我是什么原因。结果我只能跟客户解释并马上做出补救的安排。随后策划部同事又来找我，说明天是我交一个提案的最后日期了，但是我还没准备好资料，我今天晚上必须熬夜去完成那个提案……"

紧张忙碌的工作让维多利亚觉得自己的生活规律都打乱了。她不能很好地安排自己的睡眠时间，因为她不知道什么时候又要熬夜忙工作。后来，维多利亚发现她的睡眠和工作都出现了问题。

白天工作时，生怕事情办不好，总是放心不下，肌肉紧绷，搞得精疲力竭；晚上回家了，却仍不断地打电话联络事情；夜里，终于可以好好休息了，她却不断地思考，脑子里不断地想起今天的事，又盘算着明天的事，辗转反侧间，她时睡时醒，其睡眠质量自然可想而知。

哈佛大学研究显示：缺乏睡眠会影响记忆神经，导致记忆力下降。因此，及时地休息，对大脑第二天的记忆能力有益。在工作生活节奏过快的今天，人们更应该重视睡眠问题，提高自己的睡眠质量，尽量少熬夜。

（1）正确对待熬夜

现代社会，人们的生活节奏越来越快，很多的人都熬过夜。因此人们不得不面对熬夜这个问题。

研究表明，晚上 11 点入睡是最佳的时间，总是太晚入睡身体就可能受到不良影响，如荷尔蒙紊乱、头晕等。因此，重要的工作应该尽量安排在 10 点半之前，那时的效率比较高，并且间隔一个小时左右就要起来走动走动或者做些深呼吸等活动，以利于分散注意力，保证工作持续高效。而在必须熬夜的前提下，我们就一定要学会自我保护。我们大家都很清楚熬夜的危害，我们应该将这种有悖于生物钟的行为尽量控制在最短的时间内。

不睡得太晚才能让自己的身体更易于调整过来，使身体的机能不至于过度紊乱。一方面，有效的补救是熬夜之后必须做的功课。熬夜会影响视力，应该多吃一些富含维生素 A 的食物以及维生素 B 含量高的食品。另一方面，还要适当多吃一些蔬菜、水果及富含蛋白质的食物来补充消耗的体力。

除了在饮食上要留意以外，经常熬夜的人还要加强身体锻炼。熬夜时如果感到昏昏欲睡或者精力不足的话，你便应该停下手头的事活动一下或者到户外散散步。由于熬夜占用了正常的睡眠时间，所以一定要见缝插针地补充睡眠。在上下班的车上闭目养神一会儿，中午吃完饭小睡一会儿等，这些都可以使精神振作，起到恢复体力的作用。

（2）掌握“快速入睡”的方法

现代人面临巨大的压力，在“失眠”这种常见病面前，多数人都束手无策，他们不得不求助于药物，可是，药物只能起到一时的缓解作用，要想最终根治，还是需要在生活习惯上下功夫。

现在各种媒体中流传的治疗失眠的方法有很多，诸如饮食调节法、自我放松训练法、音乐疗法等。不过，最简单易行、最有效的方法有以下几种，如果你也经常遭受失眠的困扰，那么建议你可以试一试：

（1）临睡前用热水洗脚或用手由里向外搓脚心 90—100 下以加速血液循环和疏通经络，可使你早入睡。

（2）睡觉前，用手抚弄耳垂，耳垂受到按摩时，心跳减慢，达到松弛效果，帮助你入睡。

（3）睡前，盘腿坐在床上，同时保持均匀呼吸，不一会儿睡意即至。

（4）睡前将一汤勺醋倒入冷开水中搅匀喝下，可快速入睡，且第二天精力充沛。另外，睡前喝一杯牛奶也能有好的效果。

哈佛时间管理小秘诀

现代社会，各方面发展越来越迅速，我们每一个人都在承受着前所未有的压力，在压力面前，我们更要学会控制自己的睡眠，不断调节睡眠。

为了提高睡眠质量，我们可以关注以下几个方面：

（1）卧室内是否安静？温度是否合适？

（2）白天睡眠时，拉上窗帘后，卧室内的光线是否适合休息？

（3）床铺是否及时清洁？要使用合适当季的被褥。

（4）生活作息是否规律？不要经常熬夜。

（5）晚饭后不要吃太多夜宵。

（6）日常饮食要注意清淡。

（7）晚上不要喝含大量咖啡因的饮料。

（8）可用热水泡脚缓解疲劳。

（9）避免在睡前浏览紧张刺激的文艺作品，或者玩枪战打斗类游戏。

5. 控制好自己的情绪

能控制好自己情绪的人，比能拿下一座城池的将军更伟大。

——拿破仑·波拿巴

林肯是美国第16任总统，他是一位高情商者，深知情绪控制的重要性，他不但善于控制自己的情绪，还能帮助他人调整他们的情绪。

有一次，一位官员怒气冲冲地来到林肯办公室，告诉他，另一个官员口出脏言责骂自己。林肯在听完这位高官抱怨之后，建议他以写信的方式将自己的不满告诉那个人，“他口出脏言，你也可以骂他嘛。”林肯说。

“您说得对，我这就要写！”这位高官于是写了一封驳斥信，还拿给了林肯看。

“噢！真棒！你写得太过瘾了！就应该这么痛骂他！”林肯说。

得到林肯的肯定，得意洋洋的高官就要把这封信寄出去。

“你这是在干什么？”林肯拦下了他，“写完发泄出来就够了，这种信怎么能寄出去给别人呢。你现在气已经消了，快把这封信扔到火炉里去吧。我在生气时就是这么做的。”

哈佛大学的研究人员发现，人的情绪变化是因时、因地、因人而异产生的，尤其是周围的环境、个人人生际遇对情绪引发的变化是非常明显的。

在工作和生活中，我们需要明白一个道理：世界不是为人类而存在，社会也不是因你个人而存在，它不会因为你个人的喜好而去改变什么。因此，我们必须学会控制调节好自己的情绪，让不愉快的事情从心理深处消失，让情绪常处于良好的状态，这样才能保持健康的心理，才能不因为一时的情绪波动致使自己做出不恰当的事情来。

控制好自己的情绪，对掌握自己的人生至关重要。如果每天生活在消极情绪中，不仅会损害身体，还会对工作、社交等产生不好的影响，有时甚至会限制我们的个人发展。比如，在人与人的交流中，总会遇到这样那样的问题，如果只是因为一点小摩擦，就情绪波动很大，无法控制住自己的情绪，会令对方觉得你是个不成熟的人，而拒绝与你继续交流。

当你出现情绪波动时，需要找到有效地控制情绪的方法，以防它继续侵蚀你的时间和精力。

下面这些控制情绪的办法，你可以在生活中多多尝试：

（1）学习掌控自己情绪

控制情绪这件事，对于不少人来说都是比较困难的，许多人可能从小就没被教育过要控制自己，以至于长大后他们也无法控制自己的情绪。但是掌控自己从何时开始都不晚，试着从小事开始，一点点改变自己，用适合自己的方式去面对事情吧。

（2）使用正确的方式来释放自己的情绪

我们所说的正确释放情绪的方法一定是非暴力的，如果一不高兴就砸东西，只会使你更加愤怒。如果你感受到自己正在忍受不良情绪，你可以去找朋友聊天、换上运动服跑步，如果条件允许，你还可以外出旅行转换心情。当你的注意力被其他事情分散后，你会发现之前的烦恼已经不再会影响你了。

（3）改变自己的思考方式

你的情绪变化在很多的时候会受到思考问题方式的影响。有些事情，你认为对方对你如何不好令你感到很生气，其实只是你一直在这么想而已。你完全可以换一个角度看待问题，用不同的方式处理问题，这会有助于你控制自己的情绪。

哈佛时间管理小秘诀

当我们在工作中面临情绪冲突时，通常没有第三者的调停。我们只能靠自己改变情绪状态。以下是一些能改变我们由情绪所引发的不良行为的方法：

（1）拖延法

这个方法是指在情绪将要爆发前，努力将自己控制住，冷静一段时间后，再看看要不要爆发。过了一段时间后你可能会发现，事情并没有你想的那么复杂，也许只是刚才的交流出现问题。

（2）转移法

这个方法是指当你对一件事情感到愤怒的时候，及时离开事情发生的地方，如你可以去吃个甜品或者散一会儿步，将自己原本愤怒的情绪通过其他事情转移开。这里需要提醒你，转移方式应该是积极健康的，而不要选择非法或是暴力的方式。

（3）宣泄法

如果你的负面情绪还在自己的可控范围内，你可以赶紧思考一下自己要做什么，把愤怒憋在心里是不好的，既会影响工作，又损害身体。这时候，不如去找朋友聊聊天，如果你身边有合适的地方，你也可以大声喊出来。

（4）避免争论法

在工作的过程中，与别人发生意见分歧十分常见，分歧带来的争论往往会转化为愤怒。在愤怒的控制下，每个人都想让他人站在跟自己相同的立场上，即使对方是正确的也不愿意承认。这种正在气头上的争吵没有意义，所以，应当想办法避免争论。

6．多抽些时间陪伴家人

把活着的每一天看作生命的最后一天。

——海伦·凯勒

通用电气公司的前 CEO 杰克·韦尔奇很注重陪伴家人。在担任通用公司 CEO 期间，他就经常抽出一些时间陪伴妻子和孩子，因为他很清楚，家人是他生活中的重要部分。陪伴家人，不仅让家人开心，也让自己获得放松和调节。

有一年的七八月，杰克和妻子到森林中度假。他们登上风景优美的山，决定在山上的小屋休息，房子位于海拔2500米的山腰上。到达小屋后，杰克·韦尔奇的目光转移到了丘陵之间的山石，美丽的山间景色让他感到很放松。

那天下午，山上突然下起阵雨，他和妻子没有带换洗的衣物，全身都湿漉漉的非常不舒服，心情也因此变差，但是他们依然在聊天打发时间。没过太久，他们就逐渐平静下来，感到身边的大自然在拥抱着自己。

谈着谈着，他们便安静了下来。周围的环境太安静了。他们坐在一起感受着大自然的安静。这种安静不是夜晚的寂静无声，而是小动物在林间奔跑、小鸟在树枝歌唱、叶子上的雨水继续落下的声音，这些声音让人感觉既和谐又舒适，完全没有城市里的喧嚣和刺耳。在这样一个雨后初晴的下午，大自然用神奇的力量将两个焦躁的人完全安抚下来。

与家人共度一段美好的时光使得杰克·韦尔奇得到全身心的放松，使得他能够有更充沛的精力投入工作中去，更高效地处理公司的事务。

激烈的竞争、工作的压力、生活的重负似乎剥夺了我们与家人在一起享受生活的权利。我们总是很难抽出时间去陪伴自己的家人。慢慢地，我们开始变得烦躁、疲倦，而我们的家人也因我们的忙碌而生活在期盼、等待中，等待着我们有一天能早点回家陪伴他们一起吃晚餐，等待着我们能在周末和他们一起去看一场电影，等待着我们能有时间跟他们谈论一下刚看过的电视剧，而我们却常常没有这样的机会。

工作是我们生活中很重要的部分，但是我们的家人是我们生活中更重要的部分。如果没有我们，我们所在的公司可以在短短的几天里找到接替我们的人，而对我们的家人来说则不是这样，如果失去我们，他们会感到痛苦。仔细想一想，为了工作而很久都不花时间陪伴家人真的是很不明智的。

对我们来说，与家人在一起是我们应当履行的义务。平时无论多忙，周末你都应该推开一切事务，专心地陪父母、伴侣和孩子共享天伦之乐。这么做不仅能让父母、伴侣和孩子开心，你也得以转换心境，换个心情体会生活。

每个晚上，只要不是出现紧急情况，你都应尽量早些回家。帮家人做做家务，给孩子讲讲故事。另外，你还可以在家里养许多你和家人都会喜欢的东西，如鲜花、金鱼、小狗等。

在家里，你还应掌握一定的技巧和方法，懂得如何与家人更好地相处。

（1）将你对家人的关心用语言表达出来。任何人都不会愿意家庭关系不好，但我们在跟家人交流的时候，常常表达不清自己的意思，或者完全没有表达，这可能是因为家人之间的敏感，让我们不好张嘴。因此，学习与家人的交流技巧很有必要，你需要他们真正地明白你的想法。

（2）体会对方的感受。在现实生活中，我们虽然都渴望与家人的亲密关系，但又不希望这种亲密的关系限制个人自由，这会让人有束缚感。“你不要老要求我怎样怎样”成为家庭中最常见的争吵方式，尤其是孩子对于父母的反抗。我们有时会把家人的关心认为是一种控制欲，其实换个角度想想，他们或许只是想多说说话。只有多多体谅家人，家庭生活才会更美好。

（3）有事直说很重要。受到年龄、性别、性格等方面的影响，许多人即使跟家人说话也会觉得不自在，这种隔阂会使得家庭氛围减弱，试着跟家里人有话直说，能有效帮助你和家人沟通。家庭生活占据我们每天一半的时间，因此，学会如何与家里人交流，减少不必要的矛盾，对于改善我们的身心健康、提高生活质量都是很有帮助的。

哈佛时间管理小秘诀

在与家人相处的时候，你需要掌握与他们沟通的技巧，使得自己的家庭生活和睦、幸福。

（1）创造交谈的机会

每星期抽出一些时间陪伴家人，这段时间是很重要的。如果你发现你一直待在车上，从一个城市飞奔到另一个城市，那么你就应适时地抽出一段空闲时间通过电话与家人沟通。

（2）坚持家庭聚餐

除了要简单地向家人描述自己这一天的活动，你还要坚持经常参加家庭聚餐。这可以把它变成孩子们渐渐喜欢的习惯性的家庭活动，在餐桌上分享每个家庭成员的生活经历是一个不错的主意，它会让你与家人之间的关系越来越好。

（3）和你的孩子们进行个人约会

如果你已经成家立业，并且有了孩子，你就要知道，多花时间和你的孩子单独在一起可以让他们知道他们在你心中非常重要。年龄大一些的孩子可能会喜欢去餐厅吃比萨或者吃冰激凌，年龄小一些的孩子则喜欢去超市买一些零食吃。当你空闲的时候，可以带他们去餐厅吃个比萨或者带他们去逛逛超市，买一些他们喜欢的东西。

（4）记住以倾听为主

当你试着增进亲情关系的时候，你要明白倾听要比诉说重要得多。因此，当你和家人精心沟通时，要善于倾听。要避免在父母、伴侣和孩子面前满腹牢骚。而且如果你在孩子面前说错话了，就应该及时地道歉，并向孩子保证今后一定先倾听他们的话语然后再作出判断。

7. 会休息的人才能更好地工作

不要为已消尽之年华叹息，必须正视匆匆溜走的时光。

——布莱希特

泰勒是一家公司的管理者，最近他因身体不适去见了他的私人医生。在经过了一系列检查后，医生认为他必须减少手头上的工作，增加休息的时间。听到这个建议，泰勒马上开始了抱怨：“医生，你知道我每天要处理多少问题吗？没有一个人可以帮助我，我甚至晚上还要带着白天没有看完的文件回家。”

“为什么你晚上还要工作呢？你的助手们呢？”医生问他。

“因为不工作不行啊，这些文件都是第二天就要用到的。我的助手们也太无能了，只有我自己能处理好这些文件，他们一点用都没有。”泰勒越想越气愤。

医生思考了一下，对泰勒说：“我可以给你开个方子，它能有效缓解你的不适，但能不能做到就看你自己。”

泰勒接过医生的处方，发现上面只有一行字：“每天散步两小时，每周去墓园转一转。”

“去墓园？”泰勒疑惑不解。

“是的，你需要多出去走走，放下手里工作。到墓园里走一走，看一看，这些人中或许有人和你一样，觉得什么事情都要自己解决，他们每天只有工作，但如今呢？墓碑上不会写着他做了哪些工作，留下的只有名字和生卒年月。总有一天，你也会成为这里的一块墓碑，世界不会因为少了你而发生什么变化。所以我建议你，不要只顾着工作，多关注一点生活和家人，那样你会觉得舒适很多。”

听了医生的话，泰勒恍然大悟，他开始每天下午到街上散步、呼吸新鲜空气，也在学习把自己一些不重要的工作分配给下属去做。周末的一次墓园之行，更是让他感受到生命的珍贵。在充分地休息之后，他感觉自己的体力逐渐变好，工作效率也大大提高，最重要的是，家庭关系更加和谐了。

哈佛大学的研究者认为，休息的重要性不能被忽视，善于休息是平衡工作和生活的一个重要法则。确实，这个世界上没有一个人是不可或缺的，当工作使你劳累、妨碍了你的生活和健康的时候，不妨把工作放一放，及时地休息一下，以一个平和的心态面对自己的生活和工作，这样做才能把握住生活的目的。

很多时候，人们之所以不想放下自己的工作，总是习惯性地超负荷工作，主要有以下两个原因：一是他们想获得更大的物质成就；二是通过工作，他们可以逃避自己以及其他人的问题。

如果你觉得成功可以让你获得更多物质、成绩和权力，那么你可以把自己看成一名成功者，并且努力地去达成你的目标。但是，你不能强迫自己在身心疲惫的状态下还坚持工作，这会让你处于不健康状态。

如果你是个严重的工作狂，那你应该想想，人生只有一次，而人生中除了工作还有太多美妙的事情。你可以把每一天都当成人生的最后一天，转换一下思维，放下手里的工作，多去感受一下生活的美好，发展你完整的情绪以及工作能力吧。

休息可以使一个人的大脑恢复活力，提高一个人的工作效能。一个想要高效工作的人更应该学会让自己休息，只有保持充足的精力，才能高效地工作。

通常来说，坐在办公桌前的工作会更容易令人疲惫。因为长时间、固定的姿势会令肌肉僵硬，血液无法正常循环。所以，你应该在每工作一小时后起身活动一下，舒展僵硬的身体，恢复活力。

如果你频繁地感觉到身体疲惫或者哪个部位不适，那就是身体给你发出警报了。如果你还不去关注这个问题，就会导致身体负担越来越大。所以，你应该经常锻炼身体，出现问题要及时寻求医生帮助，这才是聪明人的做法。

作为一位职场人士，面对堆积如山的工作和回家后繁忙的家庭生活，你一定要善于休息，懂得放松自己。

休息的方式可以有很多种，你可以午休一会儿，可以在工作的间歇时间喝点水，也可以在办公室外散散步，伸伸懒腰，或者到洗手间洗洗脸。这些做法都可以使你的神经得到松弛，使工作效率获得提高。

哈佛时间管理小秘诀

一个人一定要懂得如何放松自己，如何休息。只有善于放松自己、懂得休息的人才能以最好的状态投入工作中，提高工作效率。人们经常处于压力中，常常被工作搞得疲惫不堪，所以需要找到放松的方法。

（1）如果你觉得累了，就在办公桌旁伸个懒腰，尽量把你的身体伸直。你还可以站起来，转转腰，活动一下肩膀和脖子。

（2）闭上你的眼睛，想象着自己处在一个安静、快乐的环境里。比如想象着自己在阳光下，面前是鲜花遍野，群蝶飞舞。

（3）慢慢地把你的所有脚指头都蜷曲起来，然后让它们放松；接着收紧你的腿部肌肉，然后也让它们慢慢地放松。像这个样子，向上运动各部分的肌肉，然后一直到你的颈部。最后转动你的头，让你的头也放松。

（4）用缓慢、深沉的呼吸来放松你全身的神经，要知道有规律的呼吸是放松神经最好的方法。

（5）松开你皱紧的眉头，不要闭紧嘴巴。如此每天做两次，也许你就不必再到美容院去按摩了，而你脸上的皱纹也会从此消失。

8. 缓解和消除压力

疲劳常常在你的内心形成最糟糕的东西。

——拿破仑·希尔

艾伦是波士顿市一位有名的心理医生，他曾经遇到过一位因工作压力过大而患了神经衰弱的患者，这名患者叫彼得·金。

彼得·金在波士顿的一家报社工作，每天整理报纸所需要的资料。这个职务对于报社而言是不可或缺的，但是这个工作也是一份缺少变化、缺少乐趣、单调无味的工作。

彼得·金说，由于工作太多，他即使加班也没有办法做完，所以连续几个月都把工作带回家里做，因而患上了轻微的神经衰弱。

艾伦医生听完彼得·金的倾诉，建议他把注意力转移到比较感兴趣的事情上去。但是这类人多半缺少业余爱好，彼得·金也不例外。然而，他无意中发了一句牢骚，说他其实很想学游泳。于是，艾伦医生对他说："那你就去参加游泳训练班吧，争取早日学会游泳。你就把这个当作治疗建议，一定要去。"

彼得·金于是一边把工作安排妥当，一边抽一些时间去学习游泳。

一个多月以后，他的神经衰弱的症状也彻底消失了。

当下，随着社会竞争越来越激烈，人们的生活节奏变得越来越快，人们在生活和工作中遇到的压力也越来越大，压力已经成为现代社会对人类健康和生命构成威胁的最大杀手。

人们对于过度工作的认识远远不够，它带来的不仅仅是身体上的疲劳。长时间过度工作，整个人处于压力之下会使得脑细胞快速衰老，影响人的记忆能力，甚至还会降低人的智力。

值得庆幸的是，越来越多的公司已经意识到，让员工劳逸结合更有助于他们发挥价值、促进企业的发展。为了让员工感到工作的快乐，许多公司会以提供健身房、下午茶等方式，调节员工情绪，帮助他们平衡工作与生活的关系。对于一个聪明的企业来说，这样做无疑会使得公司的形象、未来发展、员工的工作热情都得到极大提高。

要合理地应对工作中的压力，我们要学会正确的调节方法。通常来说，一个人将注意力转移到自己感兴趣的事情上面可以有效地缓解自己的压力。面对压力，转移是一种最好的办法。压力太重，背不动了，那就放下来不去想它，把注意力转到让你轻松快乐的事上去。等心态调整平和以后，已经坚强起来的你，还会害怕面前的压力吗？

在城市生活节奏不断加速的大环境下，面对各种各样的压力已经成为每个人生活的常态。但是，我们不应该惧怕压力，而应当努力把压力变为不断前进的动力。所以当遇到压力的时候，明智的办法是采取一种比较积极的态度去面对。实在无法承受的时候，也不要陷入其中，可以通过看看书、涂涂画、听听音乐等，让心情慢慢放松下来，再重新去面对。

哈佛时间管理小秘诀

有关心理研究证实，一个人如果长期生活在高压环境中，很容易引发各种精神、心理上的问题。因此，每个人都有必要学习一些缓解压力的方法。对此，我们有以下建议：

（1）消除压力源头。从生活中找到造成压力的源头是消除它们的第一步。花几分钟考虑一下是什么原因让你在每天的生活中感到压力。是什么人、什么活动或者什么事务造成了你生活中的压力？列出排在前10位因素的清单，看看哪些是可以被消除的，然后消除它们。对于那些无法消除的，寻找一些方法减少它们带来的压力。如果你的工作给你带来了巨大的压力，那么你应该试着规划一下你的工作时间，将工作分出主次，这有助于你缓解压力。

（2）找到合适的释放途径。每个人都会有他自己的压力，有些压力可能他人是无法理解的。因此，我们需要找到适合自己的方式来舒缓压力，比如你可以选择登山、唱歌、做饭等，这样你会感觉自己好了很多。

（3）懂得日常调节。当你感觉自己正处于压力中的时候，可以让自己放空一下；下班之后，好好洗个澡；日常饮食多吃一些能够振奋精神、消除疲劳的食物。同时，还应当注意多培养兴趣，如各种运动、养花种草等。懂得知足常乐，学会知足，做到问心无愧就可以了。

总之，在日常生活和工作中，我们每个人都应该根据自己的实际情况为自己找到一套适合自己的减压方法，以保持身心健康。

图书在版编目（CIP）数据

哈佛时间管理课 / 徐宪江著 . — 6 版 . —北京：
中国法制出版社，2022. 11

ISBN 978-7-5216-2609-4

Ⅰ. ①哈… Ⅱ. ①徐… Ⅲ. ①时间-管理-通俗读物
Ⅳ. ①C935-49

中国版本图书馆 CIP 数据核字（2022）第 052610 号

责任编辑：杨　智（yangzhibnulaw@ 126. com）　　封面设计：汪要军

哈佛时间管理课

HAFO SHIJIAN GUANLIKE

著者/徐宪江

经销/新华书店

印刷/北京海纳百川印刷有限公司

开本/710 毫米×1000 毫米　16 开　　印张/14. 5　字数/186 千

版次/2022 年 11 月第 6 版　　2022 年 11 月第 1 次印刷

中国法制出版社出版

书号 ISBN 978-7-5216-2609-4　　定价：46. 80 元

北京市西城区西便门西里甲 16 号西便门办公区

邮政编码：100053　　传真：010-63141600

网址：http：//www. zgfzs. com　　**编辑部电话：010-63141816**

市场营销部电话：010-63141612　　**印务部电话：010-63141606**

（如有印装质量问题，请与本社印务部联系。）